KB117605

상황별 여행 영어

상황별 여행 영어

지은이 이혜진
펴낸이 임상진
펴낸곳 (주)넥서스

초판 1쇄 발행 2010년 6월 20일
초판 5쇄 발행 2015년 3월 20일

2판 1쇄 발행 2016년 4월 10일
2판 6쇄 발행 2023년 10월 1일

출판신고 1992년 4월 3일 제311-2002-2호
주소 10880 경기도 파주시 지목로 5
전화 (02)330-5500 팩스 (02)330-5555

ISBN 979-11-5752-751-9 13740

www.nexusbook.com

출발부터
귀국까지

상황별

이혜진 지음

여행

여행지에서
꼭 필요한 영어를
책 한 권에 담았다!

영어

넥서스

여행은 나를
설레고 또
설레게 합니다.

영어를 공부하길 잘했다고 생각되는 적이 많지만 그중에서도 가장 그런 생각이 들 때는 아마도 여행할 때가 아닌가 싶습니다. 문화와 언어가 다른 사람들과 영어라는 언어를 수단으로 마음과 생각을 공유할 수 있는 기회를 가질 수 있기 때문입니다. 원활한 의사소통은 여행을 한층 더 다채롭고 의미 있게 만들어 줍니다. 또한 여행을 더 편안하게 만들어주기도, 부당한 대우를 받지 않도록 도와주기도 합니다.

호주 시드니로 여행 갔을 때 개인이 운영하는 4층 정도의 작은 호텔에서 숙박한 적이 있었습니다. 일주일의 호텔비를 모두 지불하고 나니 주인의 태도는 처음과는 달리 여러 가지 불편 사항을 해결해 주지 않아 어려움을 겪게 되었습니다. 그곳에서 숙박한 지 이틀째 되던 날 밤에 야경을 보고 10시가 넘은 시간에 호텔에 돌아와 보니 호텔 방의 열쇠가 고장 나서 방으로 들어갈 수가 없었습니다. 호텔 주인은 이미 자리를 비운 상태였고 전화로 상황을 이야기해도 막무가내로 호텔의 빈 방에서 하룻밤을 지내라고 이야기할 뿐이었습니다. 이런 부당한 대우를 참을 수 없어 전화로 항의를 계속하니 약 1시간 후에 호텔로 주인이 돌아와 문제를 해결해 주었습니다. 하지만 주인의 태도가 너무 무례하였기에 남은 숙박비를 환불받고 바로 다음 날 다른 호텔로 옮겼습니다. 그런데 후에 다른 한국인 투숙객들에게 들어 보니 그들도 여러 가지 주인의 횡포를 경험했지만, 영어가 어려워서 불편 사항을 말하지 못하고 그냥 참았다고 합니다. 아마 주인의 그런 횡포는 영어에 익숙하지 않은 배낭 여행객들이 영어를 잘 하지 못해 부당함을 참을 수밖에 없는 처지를 악용한 것 같았습니다.

학창 시절에 영어 공부를 지겨워했던 사람이라도 졸업하고 나서 직장에서나 여행을 하면서 영어의 필요성을 몸소 느끼고 나면 왜 그동안 열심히 하지 않았는가 하고 후회하는 일이 많습니다. 특히 가이드 없이 떠나는 배낭여행이나 호텔팩의 경우 영어 소통 능력의 차이로 인해 여행자가 체험하고 느낄 수 있는 것이 크게 달라지는 경우가 많습니다. 여행을 하다 만나게 되는 한국인 여행객들은 영어를 못하는 게 너무 아쉽다고 많이 이야기합니다. 그런데 생각해 보면 여행에서 필요한 영어는 그리 복잡하지 않습니다. 수능을 위해 암기해야 하는 어려운 단어도 아니고 발음이 원어민

처럼 유창해야 하는 것도 아닙니다. 기본적인 문장 구문을 몇 개 암기해 두고 이미 알고 있는 단어들을 활용하면 의사소통에는 문제가 없습니다. 중학교 시절에 배운 구문과 단어로도 충분합니다.

우리나라 사람들이
영어를 배우는 기간에 비해
말하기 실력이

낮은 이유는 그것을 사용해 볼 상황이 많지 않았기 때문입니다. 외국에서 영어로 말하는 것이 처음에는 낯설고 불가능하다고 생각될지도 모릅니다. 이런 여행자들에게 필요한 것은 그들이 경험할 수 있는 상황은 어떤 것이 있을지, 어떤 상황에서 어떻게 말해야 할지와 같은 실제적인 점들을 상황별로 연습해 보는 것이라 생각했습니다. 이러한 필요에 맞게 이 책은 여행하면서 부딪히는 각 상황별로 무엇을 어떻게 말해야 할지 간단한 문장으로 정리했습니다. 이러한 표현들을 통해 여행하기 전 자신의 영어를 잘 다듬어 볼 수 있으며, 여행하면서 필요한 표현을 바로 찾아 볼 수 있습니다. 이 책은 공항을 떠나면서부터 다시 돌아오기까지 여행자가 자신의 생각을 표현할 수 있는 방법을 가장 간단하게 익힐 수 있도록 Chunk 개념의 영어 문형을 중심으로 구성했습니다. 또한 지난 10년간 많은 나라를 여행하면서 경험한 문화적인 차이를 각 장의 Cultural/Travel Tips를 통해 소개하여 문화적인 이해를 돕고자 했습니다.

여행은 일상을 벗어나 정신의 휴식을 가질 수 있고 새로운 친구를 만들고 소통하게 해줍니다. 나의 가장 흥분되고 기다려지는 취미였던 여행을 통해 얻은 경험을 책으로 출판하게 되리라고는 생각하지 못했습니다. 아무쪼록 이 책이 여행자들의 소중한 추억을 한층 더 다채롭게 만드는 데 도움이 되기를 바랍니다. 기획 초기 단계부터 다듬어지지 않은 저의 경험과 열정을 멋진 책으로 구현해 주신 넥서스에 감사드립니다. 또한 이렇게 의미 있는 일을 할 수 있는 데 큰 가르침을 주신 IGSE 교수님들, 2년간 함께 고생한 배움의 동반자 IGSE 7기 동기들 그리고 언제나 나를 응원해 주는 사랑하는 남편과 가족들에게 감사드립니다.

이 정도는 알고 여행가자!

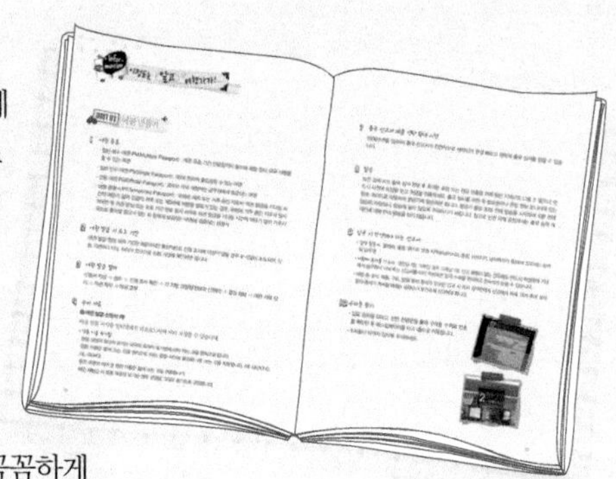

1. 여행을 가기로 마음을 먹었다면 그 다음에 준비해야 할 것은 여권과 항공권이겠죠? 다소 복잡하고 어렵게 느껴질 수 있는 여행영어를 꼼꼼하게 준비해야 차질 없이 계획대로 즐거운 여행이 될 수 있어요. 여권 및 비자 만들기, 탑승 수속, 해외로 전화 걸기, 짐 꾸리기 등 여행 전 챙겨야 할 기본적인 정보를 제공하고 있어요. 아직 여행 계획 전이라면 꼼꼼하게 읽어본 후 준비하여 여행의 설렘을 만끽하세요.

어디를 가야 할까?

2. 여행 정보를 모두 입수했다면, 그 다음에는 어디로 갈지 장소를 정해야겠죠? 여행 기간에 따라 여행국을 정하기 마련인데, 시간적 여유가 있다면 좀 더 먼 곳으로 떠나보는 것도 더 기억에 남는 경험이 되겠죠. 1월에는 오스트레일리아, 2월에는 브라질, 3월에는 남아프리카 등, 1년 12개월에 따른 각각의 적절한 여행지를 소개했어요. 해당 국가의 적절한 여행 시기와 유명 여행지만을 골랐으니 꼭 가보세요. 강력 추천이에요!

여행 시뮬레이션

3. 9개의 Chapter와 23개의 Unit으로 이루어져 있고, 각각의 다양한 상황 속에서 일어날 수 있는 일들을 영어로 익힐 수 있어요. 주요 영어표현을 배운 후, 실전 같은 Real Dialogue를 익혀 실전에 들어가게 되면 상황이 예측 가능하겠죠?

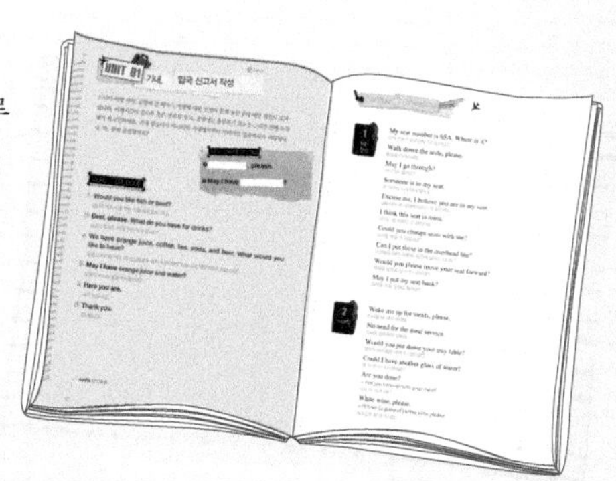

각 상황별 표현 Further Expressions

4. 단어는 생각나는데 제대로 된 문장을 말하려니 입에서만 맴돈다고요? 각각의 상황을 세분화하여 해당 영어표현을 보여주고 있으니, 영어로 묻거나 대답하기 더 쉽겠죠? 영어표현과 함께 간단한 문화 Tip도 함께 설명해 놓았어요. 또한 여행 속 부딪히게 되는 예기치 못한 상황에서 영어로 자신의 의사를 전할 수 있는 위기 상황표현만 모은 위기 탈출 Expressions 코너도 있어 더욱더 유용해요.

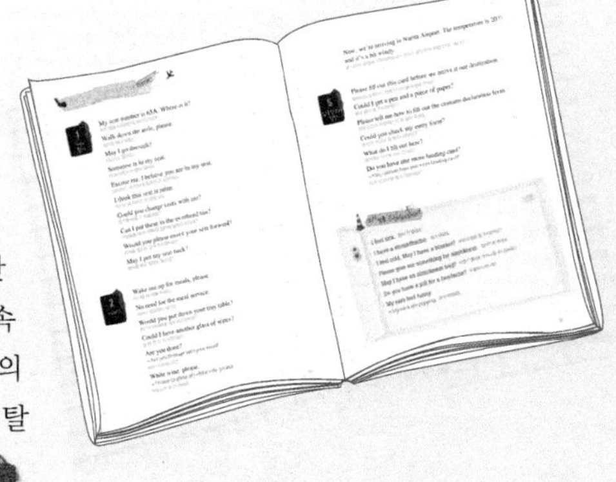

Further Voca-bulary

5. 영어회화표현 외에도 주요 단어만 따로 모아 실었어요. 기본적인 영어표현 외에 단어만 살짝 바꿔서 다양하고 확실하게 자신이 하고 싶은 말을 표현할 수 있지요. 또한 길을 가다가 보게 되는 간판 속 영어에 내용을 이해하지 못해 당황하는 경우도 적지 않은데, Sign English 코너만 보면 걱정 없어요.

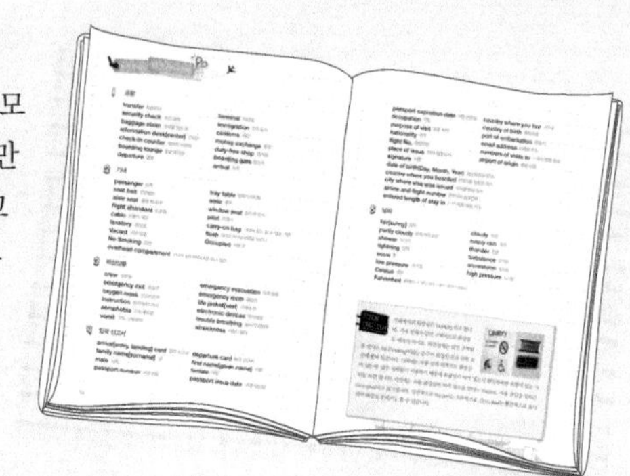

6. 여행에서 발생하게 되는 변수가 많은 만큼 그 상황에 따라 하게 되는 말도 많겠죠? 더욱 다양한 상황에 따라 간단명료하게 말할 수 있어요. 또한 다양한 나라의 문화나 여행의 Tip을 제공하고 있는 Travel or Cultural Tips 코너는 여행자들에게 더욱 유용해요.

톡톡 Talk Talk 여행 스토리

7. 저자가 직접 여러 여행지들을 돌아보며 느낀 알찬 정보만 담았어요. 환전할 때 유용한 Tip, 면세점 2배로 즐기는 Tip, 텍스 리펀드, 각 나라의 축제 등 재미있고 톡톡 튀는 정보를 모두 읽고 가면 훨씬 더 유익하겠죠.

여행할 때 이것만은 알아두자!

8. 여행 가기 전에 기본적으로 알고 가면 더욱 더 쉽게 현지인들과 소통할 수 있어요. 기본적인 영어회화를 담고 있어, 부담 없이 한두 번 읽고 가면 현지인들과 영어로 이야기하며 자신의 영어 실력도 업그레이드하고 문화도 익힐 수 있고 일석이조의 효과죠.

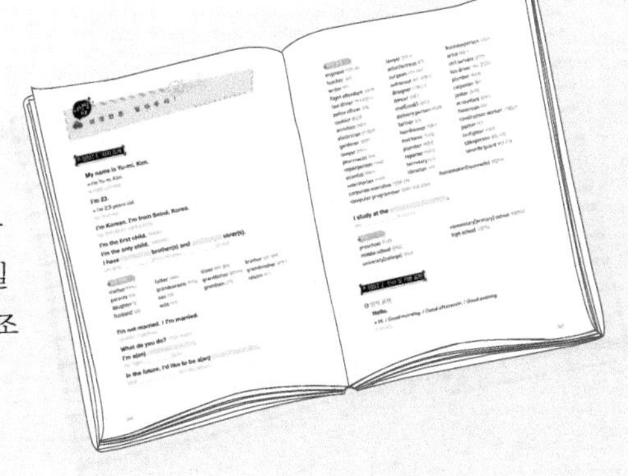

Contents

LET'S
GET IT
STARTED!

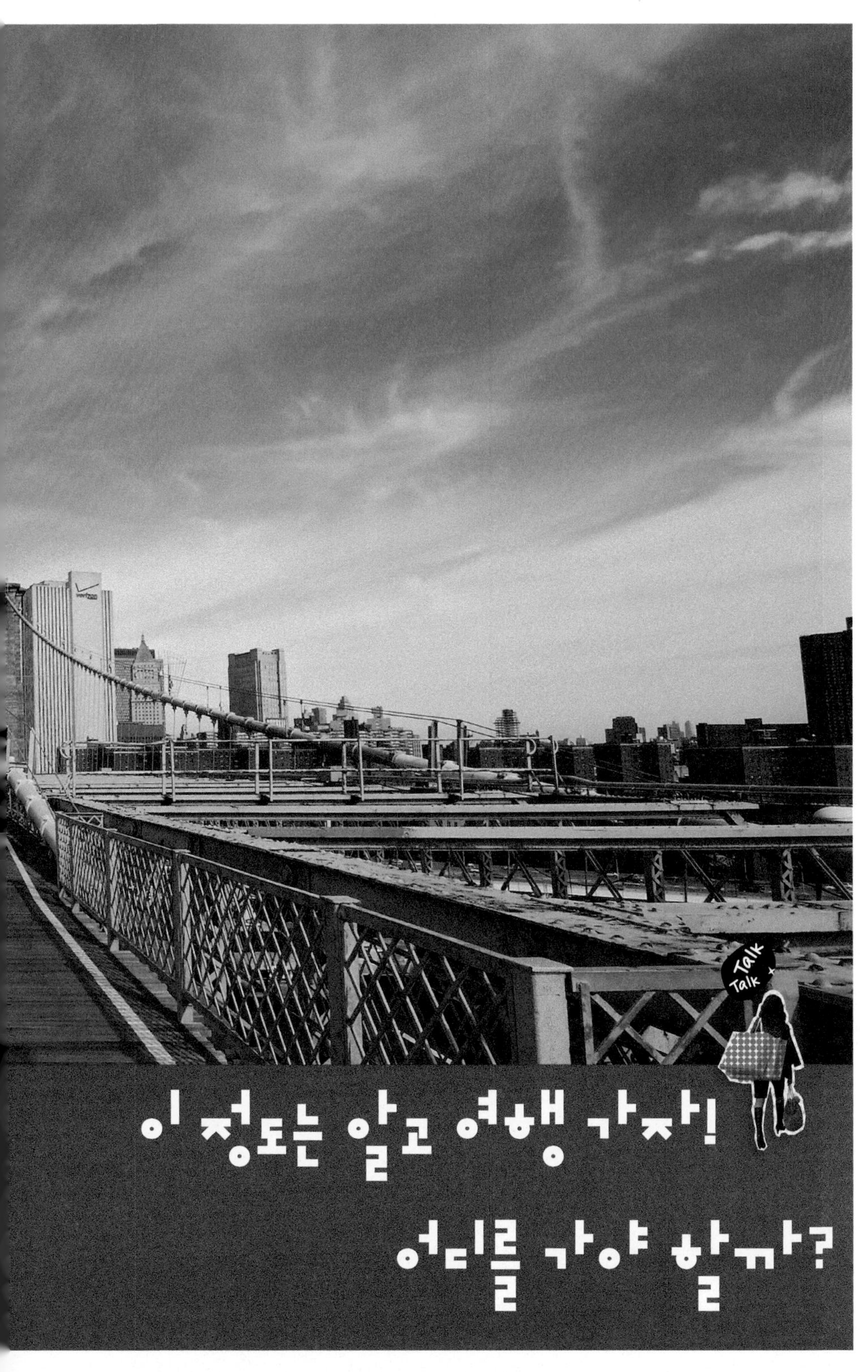
Talk
Talk
이 정도는 알고 여행 가자!
어디를 가야 할까?

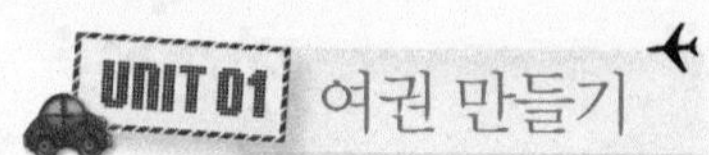

1 여권 종류

- 일반 복수 여권 PM(Multiple Passport) : 여권 유효 기간 만료일까지 횟수에 제한 없이 외국 여행을 할 수 있는 여권
- 일반 단수 여권 PS(Single Passport) : 1회에 한하여 출입국할 수 있는 여권
- 관용 여권 PO(Official Passport) : 공무로 국외 여행하는 공무원에게 발급되는 여권
- 여행 증명서 PT(Temporary Passport) : 국외에 체류 또는 거주 중인 자로서 여권 발급을 기다릴 시간적 여유가 없어 긴급히 귀국 또는 제3국에 여행할 필요가 있는 경우, 국외에 거주 중인 자로서 일시 귀국한 후 여권 분실 또는 유효 기간 만료 등의 사유로 여권 발급을 기다릴 시간적 여유가 없이 거주지국으로 출국할 필요가 있는 자 등에게 발급되는, 여권에 갈음되는 증명서

2 여권 발급 시 소요 기간

여권 발급 법정 처리 기간은 8일이지만 통상적으로 신원 조사에 이상이 없을 경우 4~5일이 소요되며, 신청 기관마다 다소 차이가 있으므로 신청 기관에 확인하면 됩니다.

3 여권 발급 절차

신청서 작성 ⇒ 접수 ⇒ 신원 조사 확인 ⇒ 각 지방 경찰청(정보과 신원반) ⇒ 결과 회보 ⇒ 여권 서류 심사 ⇒ 여권 제작 ⇒ 여권 교부

4 구비 서류

❶ 여권 발급 신청서 1부

여권 민원 서식을 인터넷에서 다운로드하여 미리 작성할 수 있습니다.

- 영문 이름 표기법

  한글 성명의 로마자 표기는 국어의 로마자 표기법에 따라 적는 것을 원칙으로 합니다.
  영문 이름은 붙여 쓰는 것을 원칙으로 하되, 음절 사이에 붙임표(-)를 쓰는 것을 허용합니다. (예: GILDONG, GIL-DONG)
  종전 여권의 띄어 쓴 영문 이름은 붙여 쓰는 것을 허용합니다.
  여권 재발급 시 최종 여권상 표기된 영문 성명을 그대로 표기토록 규정합니다.

❷ 여권용 사진 1매(긴급 사진 부착식 여권 신청 시에는 2매 제출)

• 여권 사진

가로 3.5cm, 세로 4.5cm의 규격이며, 6개월 이내에 촬영한 상반신 정면 사진으로 얼굴의 길이는 2.5~3.5cm이어야 합니다. 복사한 사진이나 포토샵으로 수정한 사진은 사용할 수 없습니다. 즉석 사진 또는 개인이 촬영한 디지털 사진은 부적합합니다. 얼굴과 눈동자는 정면을 응시하여야 합니다. 조명에 의하여 눈동자의 적목 현상이 나타나거나 컬러 렌즈를 착용해서는 안 됩니다. 안경 착용 사진은 일상생활 시 항상 착용하는 신청자에게만 허용되며, 색안경을 착용해서는 안 됩니다. 귀 부분이 노출되어 얼굴 윤곽이 뚜렷이 드러나야 하며, 가발은 일상생활 시 항상 착용하는 신청자에게만 허용됩니다. 모자나 머플러를 착용해서는 안 됩니다. 사진 바탕은 균일한 흰색 바탕의 무배경으로 테두리가 없어야 하며, 배경에 사물이 노출되거나 야외를 배경으로 촬영해서는 안 됩니다.

• 유아 사진

사진 크기는 성인 사진 규격과 동일해야 하며, 얼굴 길이(머리 정수리부터 턱까지)는 2.0~3.5cm이어야 합니다. 또한 유아 단독으로 촬영해야 하며 의자, 장난감, 보호자 등이 사진에 노출되지 않아야 합니다. 유아는 눈을 뜬 상태로 정면을 주시해야 합니다.

❸ 신분증

• 가능한 신분증

주민 등록증, 운전면허증, 공무원증, 군인 신분증

• 18~35세 남자의 경우

병역 관계 서류와 국외 여행 허가서를 제출해야 합니다.

• 18세 미만의 경우

기본 증명서 및 가족 관계 증명서를 지참해야 합니다. 본인이 직접 신청하는 경우에는 서류 제출이 필요 없으나, 그외 경우에는 여권 발급 동의서, 동의자의 인감 증명서가 필요합니다.

❹ 수수료

복수 여권은 5년 초과 시 40,000원, 5년 미만 시 35,000원, 단수 여권은 15,000원의 수수료를 지불합니다.

5 해외에서 여권을 분실한 경우

- 필요한 서류

  여권 재발급 사유서, 여권 분실 신고서, 여권 발급 신청서, 여권 사진 2장, 수수료(일반 여권: 10년 $55, 5년 $47, 5년 미만 $15, 여행 증명서 $12)

국외 체류 중 여권을 분실한 경우 가까운 한국대사관 또는 총영사관에 여권 분실 신고를 하고 여행 증명서(여권에 갈음하는 증명서)나 여권을 재발급받을 수 있습니다.

UNIT 02 비자 만들기

1 비자가 필요한 국가

미국, 중국, 러시아, 호주, 대만, 아르헨티나, 브라질, 우루과이, 파라과이, 베트남, 인도, 인도네시아, 미얀마, 몽골, 몰디브, 사우디아라비아, 알바니아, 이란, 이집트 등

2 미국 비자

❶ 비자 면제 프로그램

2008년 11월 17일부터 한국이 미국 비자 면제 프로그램에 가입되어 미국 입국 목적에 맞는 유효한 비자를 소지하고 있다면 비자 면제 프로그램을 이용하지 않고도 미국 여행을 할 수 있습니다. 비자 면제 프로그램을 이용하기 위해서는 전자 여행 허가(ESTA) 홈페이지(http://esta.cbp.dhs.gov/)에서 온라인 신청서를 작성 후 승인을 받아야 합니다. 전자 여행 허가(ESTA) 신청은 미국 여행 전 언제든 가능하지만 최소한 미국 출발 72시간 전에 신청하길 권장합니다.

❷ 비자 면제 프로그램 조건

- 단기 출장 · 관광의 목적으로 방문
- 유효한 전자 여권 소지
- 등록된 항공 · 선박을 이용하고 왕복 항공권 또는 미국 경유 시 최종 목적지 항공권 소지
- 미국 입국일로부터 90일 이내에 출국

❸ 미국 비자 신청 시 필요한 서류

미국 비자를 신청할 경우 비자의 종류와 신청 절차는 여행 목적에 의해 결정되므로 확인하세요.

- 미국 체류 기간보다 6개월 이상 유효한 여권
- 온라인 비자 신청서 DS-160를 작성 후 출력한 확인 용지
- 비자 신청용 사진 1장(최근 6개월 이내 찍은 흰색 배경의 가로 세로 5×5cm 사진)
- 비자 신청 수수료 납부 영수증 : 비자 신청 수수료는 신한은행의 전국 지점에서 납부 가능합니다. 전에 미국 비자를 받은 경우, 예전 미국 비자가 있는 여권이 유효합니다.
- 택배 서비스 신청서

1 탑승 수속

공항에 도착하면 출발 층에 있는 운항 정보 안내 모니터에서 탑승 항공사와 탑승 수속 카운터를 확인한 후 해당 탑승 수속 카운터로 이동하여 탑승 수속을 하면 됩니다. 짐이 없는 승객은 빠른 수속이 가능한 '짐이 없는 승객 전용 카운터'를 이용하면 됩니다. 항공사별로 카운터 운영 방법이 다를 수 있으니 확인하기 바랍니다.

2 인터넷 예약

인터넷으로 항공권을 구매한 고객은 인터넷 전용 카운터를 이용하면, 더욱 빠르고 편안하게 탑승 수속을 할 수 있습니다.

3 수하물 보내기

타인이 수하물 운송을 부탁할 경우 사고 위험이 있으므로 반드시 거절해야 합니다. 카메라, 귀금속류 등 고가의 물품과 도자기, 유리병 등 파손되기 쉬운 물품은 직접 휴대하기 바랍니다. 짐 분실에 대비해 가방에 소유자의 이름, 주소지, 목적지를 영문으로 작성해 붙여 두세요. 위탁 수하물 중에 세관 신고가 필요한 경우 대형 수하물 전용 카운터 옆 세관 신고대에서 신고해야 합니다.

4 기내 반입(항공기 좌석 위 선반)

항공사, 좌석 등급별로 기내 반입이 가능한 기준에 차이가 있으니 항공사에 확인 후 이용해야 합니다. 통상적으로 일반석에 적용되는 수하물의 크기와 무게는 개당 55×40×20(cm), 3면의 합이 115(cm) 이하로 10~12kg까지입니다. 항공사마다 기준이 다르므로 출국 전 해당 항공사에 미리 문의하시기 바랍니다.

5 수하물로 위탁(화물칸으로 운반)

항공사, 노선별, 좌석 등급별로 무료 운송 가능 기준에 차이가 있으므로 해당 항공사로 확인하기 바랍니다. 통상적으로 미주 노선의 경우 일반석에 적용되는 수하물은 23kg 2개까지입니다.

6 기내 반입 금지 물품

라이터, 날을 갖고 있는 접이식 칼류, 액체 스프레이 등

7 출국 신고서 제출 생략 확대 시행

2006년 8월 1일부터 출국 신고서가 전면적으로 생략되어 한결 빠르고 편하게 출국 심사를 받을 수 있습니다.

8 탑승

보안 검색 또는 출국 심사 완료 후 휴대폰 로밍 또는 현금 인출을 위해 일반 지역으로 나올 수 없으니, 반드시 사전에 로밍을 받고 현금을 인출하세요. 출국 심사를 마친 후 탑승권이나 운항 정보 모니터에 있는 탑승 게이트로 이동하여 항공기에 탑승하면 됩니다. 항공기 출발 30분 전에 탑승을 시작하여 10분 전에 탑승이 마감되니, 탑승에 늦지 않도록 주의하시기 바랍니다. 참고로 인천 국제 공항에서는 출국 승객 개개인에 대해 안내 방송을 하지 않습니다.

9 입국 시 작성해야 하는 신고서

- 검역 질문서

  콜레라, 황열, 페스트 오염 지역(동남아시아, 중동, 아프리카, 남아메리카 등)에서 입국하는 승객 및 승무원

- 여행자 휴대품 신고서

  개인당 1장, 가족인 경우 가족당 1장, 신고 물품이 없는 경우에도 반드시 작성하여 기내에서 승무원이 나눠 주는 신고서를 미리 작성하면 입국 수속을 편리하고 신속하게 받을 수 있습니다.

  여행 중 설사, 복통, 구토, 발열 등의 증세가 있으면 입국 시 즉시 검역관에게 신고해야 하며, 귀가 후에 설사 등의 증세가 계속될 때에는 검역소나 보건소에 신고해야 합니다.

10 수하물 찾기

입국 심사를 마치고 전면 전광판을 통해 수하물 수취대 번호를 확인한 후 에스컬레이터를 타고 1층으로 이동합니다. 또한 수하물이 바뀌지 않도록 주의하세요.

11 세관 검사

- 1인당 면세 금액

해외에서 취득(무상 포함)한 물품 및 구입 물품의 총 가격이 $400 미만인 경우 무조건 면세

- 면제 금액에 포함되지 않는 물품

주류 1ℓ $400 이하 1병, 향수 2온스(약 50ml), 담배 200개비 이하 또는 250g 이하

12 주차

단기 주차장(실외 및 지하 주차장)은 지상 1층에서 지하 3층의 승용차 전용 주차 건물이며, 횡단보도, 지상 및 지하 연결 통로를 통해 여객 터미널로 이동합니다.

13 장기 주차장(실외)

- 승용차, 버스, 택시 및 승용차 장기 주차장(실외)으로 구분되어 있으며, 주차장과 여객 터미널 도착 층(1층) 간 순환버스를 16분(04:10~06:00, 22:00~익일 00:58), 8분(06:00~22:00) 간격으로 운행합니다.
- 장애우는 장애인 무료 리프트 서비스에 연락하면, 장기 주차장에서 여객 터미널까지 편리하게 이동할 수 있습니다.
- 주차 대행 서비스는 여객 터미널 3층 승용차 정차 지역에 가면 이용할 수 있습니다.

UNIT 04 해외에서 또는 해외로 전화 걸기

1 전화 거는 방법

❶ **한국 ⇒ 외국** 이용하고자 하는 통신사 번호(001, 002, 00700 등) – 국가번호 – 0을 제외한 전화번호

❷ **외국 ⇒ 한국** 전화 카드사 연결 번호 – 82 – 0을 제외한 전화번호

2 국가 번호

국가 번호	국가명	국가 번호	국가명
00 - 09	미국, 캐나다(UCC)	729	이스라엘
20 - 29	인스토아 마킹용	73	스웨덴
30 - 39	프랑스	750	멕시코
380	불가리아	759	베네수엘라
383	슬로베니아	76	스위스
385	크로아티아	770	콜롬비아
400-440	독일	773	우루과이
460-469	러시아	775	페루
471	대만	779	아르헨티나
489	홍콩	780	칠레
45+49	일본	786	에콰도르
50	영국	789	브라질
520	그리스	80-83	이탈리아
529	키프로스	84	스페인
535	몰타	850	쿠바
539	아일랜드	859	체코슬로바키아
54	벨기에, 룩셈부르크	860	유고슬라비아
560	포루투갈	869	터키
569	아이슬란드	87	네덜란드
57	덴마크	880	대한민국
590	폴란드	885	태국
599	헝가리	888	싱가포르
600-601	남아프리카 공화국	90-91	오스트리아
619	튜지니아	93	오스트레일리아
64	핀란드	94	뉴질랜드
690	중국	955	말레이시아
70	노르웨이		

여행 가방

1 여행 필수품 CHECK LIST

• 여권

유효 기간 확인

• 신용 카드

비자, 마스터 카드 등 해외에서 사용 가능한 카드

• 여행자 수표와 현지 화폐

비율은 여행자 수표 : 현금 = 3 : 7 정도

• 그 밖의 필수품

하드 케이스, 휴대용 작은 가방, 티셔츠, 내의, 양말, 여벌의 옷, 스웨터나 재킷(더운 지역을 가더라도 준비), 모자, 수영복, 선글라스, 선크림, 세면도구, 의약품, 구급약, 개인 약, 필기도구, 비닐백(입은 옷 보관용), 슬리퍼나 샌들, 카메라 추가 배터리와 어댑터, 작은 우산 등

2 효율적인 짐 가방 싸기

❶ 가방은 튼튼한 것으로 준비하세요

여행을 하다 보면 짐이 점점 늘어나게 되고 공항이나 이동 시 가방을 거칠게 다루게 되는 경우가 많습니다. 여행용 가방은 튼튼하고 표면이 견고하며, 물건의 파손을 막을 수 있는 것으로 준비하는 게 좋습니다.

❷ 옷가지는 되도록 적게 준비하세요

여행용 가방은 짐을 꾸릴 때 가장 아랫부분부터 짐을 넣어야 하며, 최소한의 옷으로 자주 빨아 입는 게 짐을 줄이는 방법입니다. 여행 중 이동이 많은 경우라면 특히 짐을 최소한으로 가져가야 고생하지 않습니다. 더운 곳으로 여행하는 경우 티셔츠 2~3벌, 바지 2벌, 양말 2~3켤레, 속옷 몇 벌 정도만 준비해도 충분합니다. 현지에서 쇼핑을 하기도 하므로 가져가는 짐을 최소화하는 것이 좋습니다. 또한 일부 지역은 아침저녁으로 우리나라의 가을 정도로 날씨가 선선한 곳도 있으므로 더운 곳이라 하더라도 카디건이나 얇은 점퍼를 준비하세요.

❸ 작은 배낭을 준비하세요

여행 중 자주 꺼내봐야 하는 가이드북, 지도, 카메라는 별도의 작은 배낭을 준비하여 넣어 두는 것이 좋습니다. 배낭이나 작은 가방을 준비하면 필요한 물건을 꺼내기 편리합니다.

❹ 복사본을 준비해 두세요

여권은 미리 복사본을 준비해서 따로 보관하고, 사진도 2~3장 정도 준비해 가면 좋습니다. 신용 카드나 여행자 수표는 잃어버릴 경우에 대비해 신용 카드 회사의 전화번호와 여행자 수표의 번호를 따로 적어 두세요.

❺ 운전자라면 꼭 준비하세요.

자동차를 대여하여 여행할 계획이라면 국제 운전면허증을 함께 가져가셔야 합니다. 운전 면허 시험장에 가면 국제 운전면허증을 발급받을 수 있습니다.

코알라와 캥거루가 뛰노는 Australia

세계에서 제일 작은 대륙인 오스트레일리아는 북쪽은 티모르 해, 동쪽은 산호해, 태즈먼 해, 남쪽과 서쪽은 인도양으로 둘러싸여 있어요. 북반구에서 볼 수 없는 다양한 동식물이 있어 여행을 한 층 더 즐겁게 해주죠. 유칼립투스 나뭇잎을 먹는 귀여운 코알라와 대초원을 뛰어다니는 캥거루는 호주 여행에서 빠질 수 없는 볼거리예요. 케언즈를 포함한 동쪽 해안에 위치한 도시들은 번지 점프, 스쿠버 다이빙 등 다양한 체험 활동으로 유명한 곳이에요. 오스트레일리아는 자외선이 강하기 때문에 여행 시 모자와 선글라스, 자외선 차단제를 반드시 준비해야해요. 또한 낮과 밤의 일교차가 큰 편이기 때문에 저녁 늦게까지 여행하는 경우 긴 겉옷을 가지고 다니는 게 좋아요.

카카두 국립 공원 Kakadu National Park

Good 남반구에 위치해 있기 때문에 우리나라와는 계절이 반대이므로, 호주 대부분의 지역은 10~2월에 여행하는 것이 좋아요.

Bad 7~8월은 겨울이기 때문에 여행하기 다소 어려워요. 북쪽 지역의 다윈과 케언즈는 12~3월까지 우기가 계속되므로 이 시기를 피하는 것이 좋아요.

울룰루 Uluru

오스트레일리아 초대 수상인 헨리 에어즈(Henry Ayers)의 이름을 본따서 '에어즈 록'이라고 불리며 본래 '울루루(Uluru)'가 맞는 표현입니다. '울루루'는 원주민의 언어로 '그늘이 지난 장소'라는 의미이며 사암질의 거대 바위입니다.

그레이트 베리어 리프 Great Barrier Reef

오스트레일리아의 북동쪽 해안을 따라 발달한 세계 최대의 산호초로, 경관이 아름답고 다양한 해양생물이 서식합니다. 1981년 유네스코(UNESCO: 국제 연합 교육 과학 문화 기구)에서 세계 자연 유산으로 지정했습니다.

카카두 국립 공원 Kakadu National Park

다윈에서 250㎞ 정도 떨어진 곳에 위치해 있으며 총 면적이 2만㎢인 국립 공원으로, 오스트레일리아 최대 규모이자 세계에서도 세 번째로 규모가 큰 국립 공원입니다.

프레이저 섬 Fraser Island

세계 최대의 사구(沙丘) 섬으로, 좁고 긴 반달 모양입니다. 본토 쪽의 비탈에 펼쳐져 있는 아열대 우림에는 다양한 희귀 조류와 양서류가 서식합니다. 이 섬에 서식하는 딩고(dingo)는 우리나라의 진돗개와 비슷하게 생겨서 친근합니다. 마치 사막과 정글에 온 것 같은 착각이 들기도 합니다.

1. 12사도 바위가 있는 해안가
2. 그레이트 오션 도로의 레이저백 암벽
3. 프레이저 섬의 맥켄지 호수

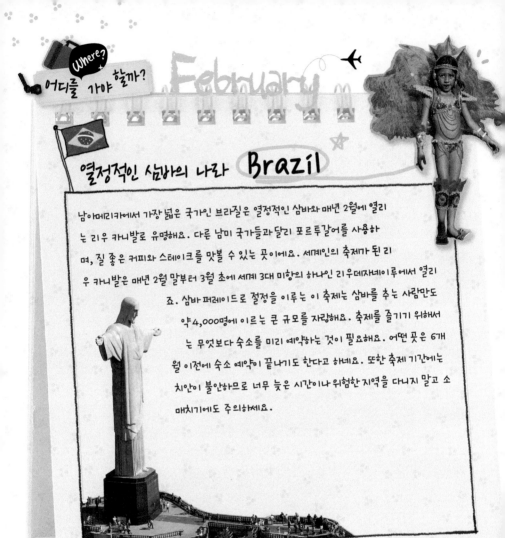

열정적인 삼바의 나라 Brazil

남아메리카에서 가장 넓은 국가인 브라질은 열정적인 삼바와 매년 2월에 열리는 리우 카니발로 유명해요. 다른 남미 국가들과 달리 포르투갈어를 사용하며, 질 좋은 커피와 스테이크를 맛볼 수 있는 곳이에요. 세계인의 축제가 된 리우 카니발은 매년 2월 말부터 3월 초에 세계 3대 미항의 하나인 리우데자네이루에서 열리죠. 삼바 퍼레이드로 절정을 이루는 이 축제는 삼바를 추는 사람만도 약 4,000명에 이르는 큰 규모를 자랑해요. 축제를 즐기기 위해서는 무엇보다 숙소를 미리 예약하는 것이 필요해요. 어떤 곳은 6개월 이전에 숙소 예약이 끝나기도 한다고 하네요. 또한 축제 기간에는 치안이 불안하므로 너무 늦은 시간이나 위험한 지역을 다니지 말고 소매치기에도 주의하세요.

리우데자네이루 Rio de Janeiro

Good 2월에 리우 카니발이 있고, 남반구에 위치해 있어 12~2월이 여행하기 좋은 날씨예요.

Bad 7~8월에는 남쪽의 한랭 기단의 영향을 받아 날씨가 매우 추우므로 이 기간은 피하는 것이 좋아요.

코르코바도 언덕 Morro do Corcovado

코르코바도 언덕 위에는 거대한 그리스도상이 있습니다. 이 거대한 조각상 내부에는 15명을 수용할 수 있는 예배당이 있으며, 조각상뿐만 아니라 리우의 전망 경관이 탁월하여 관광지로 꼽히는 곳입니다. 등산열차나 택시로 이동 가능합니다.

이과수 폭포 Iguazu Waterfall

브라질과 아르헨티나, 파라과이가 만나는 접경 지대에 위치한 폭포입니다. 폭포의 대부분은 아르헨티나에 속해 있지만 폭포의 전경은 브라질 쪽에서 바라보는 게 더 아름답습니다.

킨타 다 보아 비스타 공원 Parque da Quinta da Boa Vista

공화국 이전에는 포르투갈 왕이나 브라질 황제 전용의 정원이었습니다. 이곳에는 현재 열대 식물이 광범위하게 자라고 있으며, 남아메리카 원산인 야생 동물 2,000종 이상이 서식하는 동물원이 있어 남미의 다양한 동식물을 감상할 수 있습니다.

티주카 국립 공원 Parque Nacional da Tijuca

리우데자네이루 중심부 오른쪽에 자리해 있으며, 브라질에서 두 번째로 작은 국립 공원입니다. 교통이 편리한 곳에 있어 접근이 용이하며 숲과 동굴 외에 30개의 폭포, 300종 이상의 식물, 100종 이상의 동물, 전망대 등 다양한 볼거리가 있어 여행하기 좋습니다.

1. 삼바 축제
2. 삼바 축제
3. 이과수 폭포

스포츠로 더욱 하나 되는 South Africa

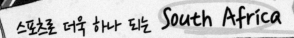

지구의 남북과 동서의 정 반대쪽에 위치한 남아프리카 공화국은 먼 거리에 위치해 있어 우리에게는 조금 덜 알려진 관광지예요. 하지만 아프리카와 서양의 문화를 모두 체험할 수 있는 곳으로, 지역 주민들의 따뜻한 마음을 느낄 수 있는 나라죠. 세계적 수준의 스포츠 시설을 갖춘 이곳의 사람들은 특히 축구와 럭비, 크리켓에 열광하는 등 스포츠에 관심이 많아요. 총기 소지가 허가된 나라 중 하나이기 때문에 총기 관련 범죄가 많이 발생하여 치안이 불안하고 외국인 혐오 범죄가 증가하고 있어 여행 시 주의가 필요해요.

케이프 해안 Cape Coast

Good 온대의 지중해성 기후이며, 1월 평균 기온 20.3℃로 날씨가 화창해요.
Bad 7월 평균 기온이 11.6℃이며, 겨울인 5~8월에는 비가 많이 내려요.

필라네스버그 국립 공원 Pilanesberg National Park

야생 자연공원이어서 야생 동물을 가까이에서 볼 수 있으며, 사파리 차량을 이용해 200km 길이의 길을 이동하며 코스를 관람합니다. 또한 공원 외부에는 공원 캠프가 있어 숙박도 가능합니다.

볼더스 해변 Boulders Beach

남아프리카에서 볼 수 있으며, 신장이 40~50cm 정도의 작고 귀여운 자카스 펭귄(Jackass Penguin)이 서식하는 이곳은 펭귄 보호 지역입니다. 아프리카 대륙에 살고 있는 이 펭귄은 사람을 무서워하지 않아 가까이에서 펭귄의 생활 모습을 지켜볼 수 있습니다. 세계 유일의 펭귄과 함께 일광욕과 수영을 즐길 수 있는 곳입니다.

커스텐 보시 국립 식물원 Kirstenbosch National Botanical Garden

세계 7대 식물원 중의 하나로 알려져 있으며, 관광객뿐만 아니라 지역 주민에게도 유명한 공원입니다. 70만 평의 넓은 규모에 남아프리카에서 자생하는 식물들을 관람할 수 있으며, 약 9,000여 종이 넘는 진귀한 약초와 다양한 식물들을 볼 수 있습니다. 식물원은 9개 정도의 섹션으로 이루어져 있으며, 레스티오 가든과 향기 가든, 의학 가든, 프로테아 가든 등 여러 가지 식물군으로 나뉘어져 있습니다.

테이블 산 Table Mountain

케이프타운의 랜드 마크인 테이블 산은 높이가 1,080m로, 바닷속에 잠겨 있다가 지각판 이동과 변동으로 융기된 바위산입니다. 마치 칼로 잘라낸 것처럼 정상 부분이 평평하고 특이한 외형입니다. 폭설이나 폭우 등의 날씨 변동에 따라 등반이 어려운 경우가 있으므로 미리 확인해야 합니다. 정상에 오르면 케이프타운 시내와 워터프론트, 로빈 아일랜드까지 내려다볼 수 있습니다.

#1

#2

#1. 필라네스버그 국립 공원 사파리의 얼룩말

#2. 볼더스 해변

가깝지만 다른 나라 Japan

일본은 우리나라와 가장 가까이에 위치한 나라이며, 우리나라보다 면적이 크고 문화적인 면에서도 다양한 차이점을 발견할 수 있는 곳이에요. 식도락가들의 사랑을 받는 만큼 다양한 음식들을 즐길 수 있고, 미국보다는 소규모지만 다양한 놀이기구를 즐길 수도 있는 Disneyland나 Universal Studio와 같은 테마 공원들은 젊은 배낭족들이 꼭 들르는 여행 코스예요. 예의를 중요시 여기는 일본인들에게는 허리를 굽혀 인사할 경우 상대방과 비슷하게 인사하는 것이 좋으며, 먼저 일어나게 되면 실례예요. 자신을 소개할 때는 보통 악수를 하지 않고 성과 이름을 말하는 것이 일반적이며 명함을 주고받는 경우가 많으니, 미리 명함을 준비해 가는 것도 좋아요.

히메지 성 Himeji Castle

Good 사계절 모두 다양한 체험이 가능해요. 봄철에는 벚꽃으로 유명하며, 겨울철에는 스키족들의 사랑을 받는 홋카이도가 좋아요.

Bad 우리나라처럼 초여름에는 장마가 있고, 9월경에는 태풍이 잦으므로 이 시기는 피해서 여행하세요.

하코네 국립 공원 Hakone National Park

화산 지대이며 높은 산과 호수, 계곡, 고원으로 이루어진 국립 공원입니다. 도쿄에서 버스로 약 2시간이 채 걸리지 않는 거리에 있습니다. 칼테라 호수인 아름다운 아시 호수에서는 유람선을 타고 감상할 수 있으며, 오와쿠다니 계곡에서는 화산 활동으로 인해 솟아오르는 연기와 유황 냄새를 맡으며 화산을 좀 더 가까이에서 볼 수 있습니다.

아키타 Akita

드라마로 유명해진 이곳은 호수가 내려다보이는 타자와호 스키장과 호숫가에 있는 황금색의 다츠코상으로 유명합니다. 350년 이상의 유서 깊은 온천 마을에서 온천욕을 즐길 수 있습니다.

히로시마 평화 기념관(원폭 돔) Hiroshima Peace Memorial Park

1945년 8월 6일 오전 8시 15분에 투하된 원자 폭탄으로 7만여 명의 목숨이 희생된 것을 기념하기 위해 지어진 기념관입니다. 현재 히로시마 평화 기념관은 폭발의 충격을 견딘 외벽과 뼈대를 그대로 두어 원자 폭탄이 떨어진 날의 모습을 생생히 보여주고 있습니다. 건물 안 시계 역시 원자 폭탄이 떨어진 8시 15분을 가리킨 채 멈춰 있습니다.

히메지 성 Himeji Castle

흰색 외벽과 날개 모양의 지붕이 마치 백로의 모습과 같아서 백로성이라고 불리기도 하는 이 성은 일본의 성 중에 가장 아름답다는 평가를 받습니다. 아름다움뿐 아니라 철저한 방어 체계와 보호 장치를 갖춘 튼튼한 요새로서 오랫동안 제 역할을 해 왔으며, 일본의 건축 양식을 살펴볼 수 있는 좋은 기회입니다.

#1. 후지산
#2. 히로시마 평화 기념관

쇼퍼들의 천국 Hong kong

동남아시아 경제의 중심지이며 세계적인 무역항인 홍콩은 자그마한 도교 사원과 영국 지배 시절에 세워진 서양식 건축물, 바닷가에 위치한 고층 빌딩 등의 볼거리가 많아요. 매일 밤 8시에 있는 레이저쇼 '심포니 오브 오케스트라'는 홍콩의 대표적인 볼거리예요. 볼거리뿐 아니라 먹을거리도 풍부하며 대중교통이 편리하게 잘 되어 있어 여행하기 편해요. 여름에는 습도가 90% 이상 되는 날씨이기 때문에 실내 냉방이 매우 잘 되어 있지만 다소 추울 수도 있으니 실내에서 입을 수 있는 긴팔 옷을 준비하는 게 좋아요.

홍콩의 야경 The Night View of Hong Kong

Good 맑고 화창한 날씨의 봄, 가을이 여행하기 적당해요.

Bad 아열대성 기후이며 가장 더운 7~8월의 평균 기온은 약 28℃로 우리나라에 비해 높지 않으나, 강수량도 많고 날씨가 매우 습하여 체감 온도가 높아 여행하기 좋지 않아요.

빅토리아 피크 Victoria Peak

홍콩 섬의 가장 높은 곳에 위치하여 홍콩의 전경을 한눈에 내려다볼 수 있는 곳입니다. 빅토리아 피크 전망대에서는 센트럴의 고층 빌딩 숲과 빅토리아 항, 바다 건너편의 구룡 반도까지 한눈에 조망할 수 있습니다. 피크 트램을 이용해 약 7분이면 빅토리아 피크로 올라갈 수 있습니다.

홍콩 공원 Hong Kong Park

10만㎡의 공간에 온실과 조류원, 연못, 분수, 원형 전망대, 야외 극장인 가든 플라자(Garden Plaza), 어린이 놀이 시설 등의 많은 볼거리가 있습니다. 홍콩에서 가장 오래된 서양식 건물을 개조하여 만들어진 다기 박물관(Flagstaff House Museum of Teaware)도 꼭 들러야 할 곳입니다. 주전자, 찻잔 등 다기류 5백여 점이 전시되어 있으며, 시대별로 차 끓이는 방법을 사진이나 그림으로 설명해 놓았습니다.

란콰이퐁 Lan Kwai Fong

식당과 술집 등이 몰려 있는 작은 골목으로, 저녁이면 많은 사람들이 모여 술을 마시거나 식사를 하는 곳입니다. 비록 50m도 되지 않는 골목이지만 새벽까지 많은 사람들이 왕래하며, 란콰이퐁의 서쪽에는 골동품 거리인 할리우드 로드도 있습니다.

만모 사원 Man Mo Temple

홍콩에서 가장 오래된 도교 사원으로 입구의 왼편에는 십왕전(十王殿), 오른편에는 재신(財神)이 있고, 정면에는 문(文)과 무(武)를 상징하는 신으로 문창제(文昌帝)와 삼국지에 등장하는 관우가 모셔져 있습니다.
사당의 천장에는 한번 불을 붙이면 열흘 동안 탄다는 소용돌이 모양의 선향(線香)이 걸려 있어 시선을 끕니다.

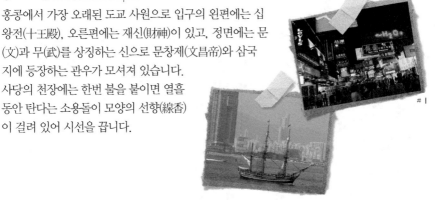

1

2

1. 란콰이퐁의 야경
2. 홍콩의 용선제

이슬람과 유럽의 문화를 체험하는 Turkey

유럽과 아시아를 잇는 관문적 곳에 위치해있고, 이로 인해 역사적으로 동방과 서방의 문화를 연결하는 교차로 역할을 해 온 터키에서는 동서양의 문화를 모두 경험할 수 있어요. 국민 대부분이 이슬람교를 믿으며, 지역 곳곳에 위치한 사원에서 기도를 드리는 모습을 흔하게 볼 수 있어요. 나라가 커서 지역에 따라 기후가 다르며, 볼거리가 다양해요. 동부 지역은 테러와 납치 등의 위험도가 높으니 여행 시 각별한 주의가 필요해요. 또한 잘 정비되지 않은 렌터카나 오토바이로 인한 교통사고의 경우 많은 수리비가 발생하기도 하니 주의하세요.

아나톨리아 Anatolia

Good 터키 여행은 4~6월, 9~11월 사이가 적절하며, 5월 초~6월 중순, 9월 초~11월 초가 가장 좋아요.
Bad 터키 중부 지방은 기후가 사막과 비슷하여 여름에는 45℃ 이상이며, 겨울에는 매우 추워서 여행하기 어려워요.

이스탄불 Istanbul

오스만 제국의 중심 도시였던 이스탄불은 그리스, 로마 시대부터 오스만 제국 시대에 이르는 다수의 유적들이 분포해 있습니다. 전형적인 터키 양식의 도시로 대표적인 이슬람교 사원인 성소피아 성당이 있고 카펫과 가죽 제품, 금속 세공품 등의 터키 특산품을 비롯하여 온갖 제품들을 한자리에서 볼 수 있는 그랜드 바자르, 토프카프 궁전에 위치한 고고학 박물관 등이 유명합니다.

카파도키아 Cappadocia

실크 로드의 중간 거점으로 동서 문명의 융합을 도모한 상인들의 교역로로 크게 융성했던 지역입니다. 로마 시대 이래 탄압을 피하여 그리스도 교인들이 이곳에 몰려와 살았던 지역이기도 합니다. 이곳에는 아직도 수천 개의 기암에 굴을 뚫어 만든 카파도키아 동굴 수도원이 남아 있으며, 오랜 풍화 작용을 거친 특이한 버섯 모양의 암석도 쉽게 볼 수 있습니다.

안탈리아 Antalya

로마 시대의 유적과 셀주크 왕조의 이슬람 사원 등이 남아 있으며, 유람선을 이용해 여행하면 지중해의 파란 바다에서 수영하며 하루를 보낼 수도 있습니다. 또한 해안가이기 때문에 다양한 해산물 요리를 맛볼 수 있습니다.

에페소스 Ephesus

소아시아 서해안에 있던 이오니아의 고대 도시로 장대하고 화려한 아르테미스 신전으로 유명한 곳이며, 옛 도시의 폐허가 많이 남아 있어 유적을 볼 수 있습니다.

1. 이스탄불의 성소피아 성당
2. 카파도키아의 동굴 내부
3. 휴양지로 유명한 안탈리아

일 년 내내 푸르른 Ireland

영국령인 북아일랜드와 아일랜드 자유국으로 이루어진 아일랜드는 사계절 내내 푸르른 자연환경으로 유명한 곳이에요. 코발트빛 바다와 파란 하늘, 그리고 푸른 초원과 소, 양이 있는 자연 경관이 평화로워요. 타이타닉의 주제곡과도 비슷한 아이리시 휘슬 소리가 매력적인 아일랜드 음악은 아일랜드의 자연 경관과 잘 어울려요.

더블린 Dublin

Good 5~9월까지는 날씨가 맑고 화창해서 아름다운 자연 경관을 보기에 좋은 계절이에요.

Bad 하루 동안의 날씨 변화는 심해도 일 년 동안의 날씨 변화는 심하지 않아요. 위도가 높아 겨울에는 낮 시간이 매우 짧아 여행하기 어려워요. 참고로 아일랜드는 우리나라와는 반대로 차량 핸들이 오른쪽에 있고 차량은 도로 좌측에서 주행하기 때문에 운전할 때는 물론 도로 보행 시에도 각별한 주의가 요구돼요. 길을 건널 때에도 항상 오른쪽부터 먼저 보고 건너야 해요.

세인트 스테판 그린 공원 St. Stephen's Green Park

더블린 중심지에 있는 자연공원으로 공원의 면적이 넓고 다양한 식물과 꽃이 자라고 넓은 잔디밭이 펼쳐져 있습니다. 호수, 폭포, 분수, 동상, 벤치 등이 있어 휴식을 취하는 공간으로 사랑받고 있으며 소풍을 즐기기에도 좋습니다.

모어 절벽 Cliffs of Moher

대서양을 향한 모어 절벽은 19세기에 나폴레옹의 침략을 두려워한 영국에 의해 지어진 모어 타워에서 바라보는 절경이 유명한 곳입니다.

글렌달로그 Glendalough

'2개의 호수를 이루는 골짜기(The Glen of Two Lakes)'라는 의미를 가진 곳으로, 고대 수도원이 있던 마을입니다. 6세기에 건립한 수도원에는 세인트 케빈의 십자가와 33m에 이르는 둥글고 뾰족한 탑, 켈트족의 키 큰 십자가 등이 남아 있으며 성물과 성배, 책 등을 보호하기 위해 세운 둥근 탑으로도 유명합니다.

기네스 하우스 Guinness House

아일랜드의 전통 흑맥주인 Guinness의 역사 및 제조 과정을 한눈에 볼 수 있는 박물관입니다. 맥주를 시음할 수도 있어 관광객들에게 인기가 많은 곳입니다.

뉴그레인지 Newgrange

유네스코 문화유산으로 등록된 이곳은 세계에서 가장 오래된 무덤입니다. 석기 시대 무덤 형태의 하나로, 옛 형태의 무덤이 위치한 곳입니다. 이 무덤은 봉분의 높이가 36피트, 원주가 300피트이며, 주변에는 비슷한 모양의 무덤들이 모여 있습니다. 무덤의 돌 위에 새겨진 기하학적인 모양의 문양들은 종교적인 연관이 있을 것으로 추정됩니다.

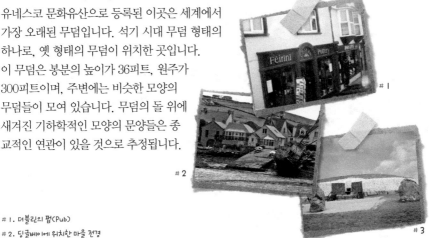

1 # 2 # 3

1. 더블린의 펍(Pub)
2. 딩글베이에 위치한 마을 전경
3. 뉴그레인지

어디를 가야 할까? Where?

August

여왕의 나라 England

세계 공용어인 영어와 왕족으로 그 명성을 유지하고 있는 영국은 다소 비싼 물가에도 불구하고 고풍스러운 건물과 푸르른 공원, 다양한 박물관, 화려한 뮤지컬을 즐길 수 있는 장점 때문에 매년 많은 여행객들로 붐비는 곳이에요. 자신의 관심사에 따라 방문할 박물관과 미술관을 미리 정해 두면 문화적으로도 더욱 풍부한 여행을 즐길 수 있어요. 런던의 대중교통은 체계적이고 편리하지만, 시기에 따라 안전 점검이나 파업으로 인해 중단되거나 지연될 수 있어요. 전철 이용이 제한되는 경우 버스 노선표를 이용해 버스로 이동해 보세요.

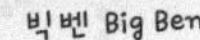
빅벤 Big Ben

Good 낮 시간이 긴 6~8월이 좋아요. 런던뿐 아니라 에든버러를 방문할 계획이 있다면, 에든버러 축제가 있는 8월이 방문하기 가장 좋은 시기예요.

Bad 11~2월의 겨울은 눈이 내릴 만큼 춥지는 않지만, 습하고 바람이 많이 불어서 여행하기 좋지 않아요.

런던 London

런던은 1년 내내 다양한 볼거리로 가득합니다. 인류의 문화유산이 한자리에 모인 대영 박물관, 레오나르도 다빈치와 고흐 등 유명 화가의 작품을 감상할 수 있는 국립 미술관, 근위병 교대식을 볼 수 있는 버킹엄 궁전, 넬슨 제독의 동상이 있는 트라팔가 광장, 빅 벤으로 유명한 국회 의사당 등이 있습니다.

옥스퍼드 Oxford

유서 깊은 대학 도시로 잘 가꾸어진 자연 조경과 역사적인 건물과 환경이 그대로 보존되어 있으며, 고풍스러운 모습의 대학들로 유명합니다. Christ Church Cathedral, Magdalen College 등의 대학들과 대학 박물관을 방문하는 것도 좋습니다.

케임브리지 Cambridge

소규모 도시에는 어울리지 않을 정도로 극장과 미술관 등의 시설이 많은 도시입니다. 가볼 만한 박물관으로는 그리스, 로마, 이집트, 아시아, 서유럽의 회화와 도기 등의 컬렉션으로 유명한 피츠 윌리엄 박물관, 민속 박물관, 콩코드 시험 비행기, 전투기에서 전차에 이르는 전시물을 관람할 수 있는 전쟁 박물관 등이 있습니다.

브라이튼 Brighton

런던에서 차로 50분 거리에 있는 영국 남부 해변의 도시 브라이튼은 독특한 양식의 파빌리온 궁전과 탁 트인 바다로 유명한 곳입니다. 5월 초부터 약 한 달간 지속되는 브라이튼 축제는 영국의 에든버러 축제에 견줄 만한 세계적인 축제로, 전 세계에서 많은 관광객이 몰려듭니다.

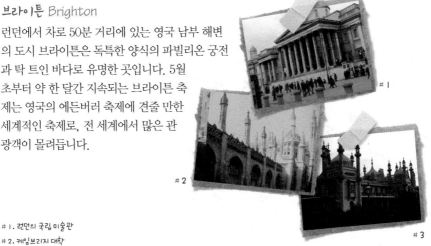

1. 런던의 국립 미술관
2. 케임브리지 대학
3. 브라이튼 파빌리온 궁전

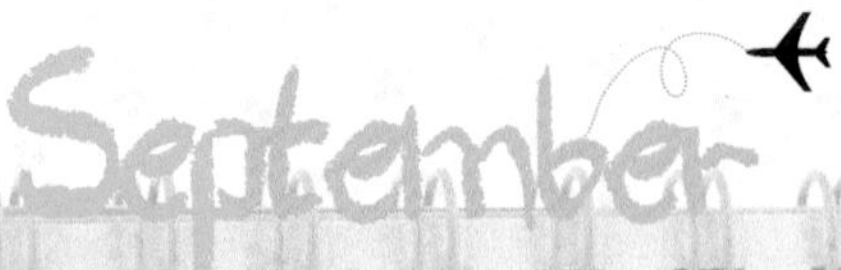

흥겨운 맥주의 나라 Germany

다양한 문화유산을 보존하고 있는 독일은 푸르른 자연환경과 맥주로 유명한 곳이에요. 프랑스와 달리 거리에서 만나게 되는 사람들도 영어를 잘하기 때문에 영어로 의사소통이 쉽게 되는 곳이에요. 동·서독 통일 이후 외국인에게 적대적인 신나치주의자(스킨헤드족)들이 많아졌어요. 대체적으로 안전하기는 하나 동양인을 대상으로 하는 범죄가 발생할 수도 있으니, 특히 밤에 기차역이나 술집에서 조심해야 해요.

노이슈반슈타인성 Schlob Neuschwanstein

Good 봄, 여름, 가을이 여행하기 좋은 시기예요. 특히 9월 말~10월 초에 열리는 뮌헨 맥주 축제(Oktoberfest)를 즐기고 싶다면 9월이 좋아요.

Bad 아한대 기후로 여름에도 별로 덥지 않지만, 겨울에는 무척 춥기 때문에 여행하기 좋지 않아요.

로맨틱 가도 Romantische Strasse

로맨틱 가도는 독일 중남부 뷔르츠부르에서 오스트리아 퓌센까지 약 300km에 이르는 도로의 이름입니다. 이 가도를 따라 로텐부르크, 뇌르트링겐을 비롯한 중세의 모습이 남아 있는 소도시들을 가 볼 수 있습니다. 제2차 세계 대전 이후 관광객 유치를 위해 개발된 곳으로, 퓌센 근처에는 바이에른 왕 루트비히 2세가 지은 노이슈반슈타인성이 유명합니다.

바이에른 Bayern

독일 제1의 휴가지인 바이에른은 뮌헨의 호프브로이 하우스, 바이에른의 알프스와 호수, 루드비히 2세의 성, 뉘른베르크의 크리스마스 시장, 바이로이트의 바그너 축제 등이 유명합니다. 알프스 산맥 북부를 통과하는 긴 여정을 하이킹할 수 있는 여행지도 있으며, 로마인들의 목욕탕과 성·요새의 복원된 모습도 볼 수 있습니다.

마이나우 섬 Mainau Island

봄에는 다양한 꽃을 감상할 수 있고 여름에는 야자나무와 세쿼이아나무 아래에서 휴식을 취할 수 있습니다. 특히 늦가을까지 장미와 달리아가 아름답습니다. 독일 최대 호수인 보덴제에서 멀지 않은 곳에 호수와 숲이 그림처럼 펼쳐져 있는 슈바츠발트가 있습니다. 또한 이 지역에서는 독일의 다양한 와인도 맛볼 수 있습니다.

라인 강 Rhein R.

수천 년 전부터 남과 북을 잇는 교통로로 중시되었던 라인 강 근처에는 도시, 성, 요새 등을 볼 수 있습니다. 빙엔(Bingen)과 코블렌츠(Koblenz) 사이의 라인 강 중앙 계곡 상부 지역은 2002년에 유네스코 세계 문화유산에 등재되었습니다. 최대 관광지는 장크트 고아르(St. Goar)의 로렐라이 언덕이며, 여름에는 역사적 시장과 성 축제, 기사 대회 등 중세로의 시간 여행으로 유명합니다.

1. 로텐부르크
2. 라인강
3. 노이슈반슈타인성

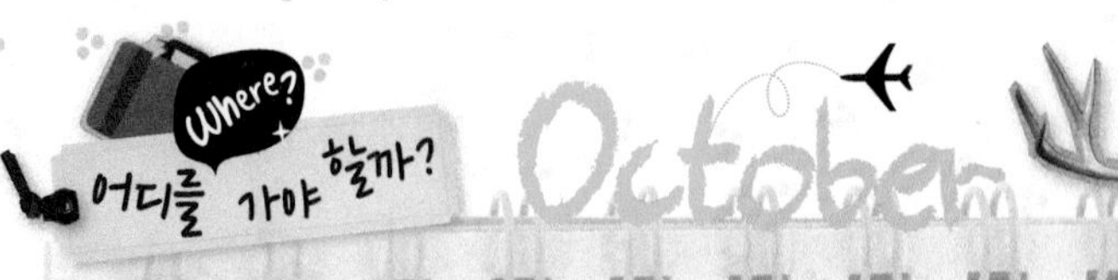

볼거리가 많은 United States of America

쇼핑의 천국이면서 다양한 자연환경을 자랑하는 미국은 몇 번을 여행한 사람이라도 볼거리가 많은 곳이죠. 50개의 주로 이루어져 있는 미국에서 유명 여행지를 보려면 자동차를 대여하여 자유 일정으로 곳곳을 여행해 보세요. 각 지역의 유명 관광지뿐 아니라 작은 마을에 있는 공원에 가서 여유롭게 산책도 즐겨보세요. 운전을 하는 경우에는 STOP이라고 써 있는 표지판이 보이면, 반드시 2~3초간 정지하여 좌우를 살핀 후 출발해야 해요. 이를 지키지 않거나 완전 정지하지 않은 경우에는 벌금을 낼 수도 있으니 각별히 주의하세요.

그랜드 캐니언 Grand Canyon

Good 지역에 따라 기후가 다양하기 때문에 여행하기 좋은 시기가 각기 달라요. 일반적으로 북부 지방은 여름이 좋고, 남부 지방은 봄가을이 좋습니다.

Bad 북부 지방은 겨울이 길고 우기이며, 낮의 길이가 짧아 여행하기 좋지 않아요.

라스베이거스 Las Vegas

미국 네바다 주의 남동부 사막에 있는 도시로, 도박장이 늘면서 관광과 환락지로 각광을 받게 되어 네바다 주의 최대 수입원이 되었습니다. 연중무휴의 독특한 사막 휴양지로서 호화스러운 호텔, 음식점, 공인 도박장 등이 있으며 야간에도 관광객으로 성황을 이루어 '불야성'이라는 별칭이 있습니다.

그랜드 캐니언 국립 공원 Grand Canyon National Park

미국 애리조나 주 북부에 있는 약 20억 년 전에 생성된 거대한 협곡으로, 세계에서 가장 흥미진진한 대협곡 중 하나입니다. 유네스코 자연유산에 등록된 곳으로, 깎아지른 듯한 절벽과 다채로운 색상의 단층, 높이 솟은 바위산과 형형색색의 기암괴석으로 볼거리가 다양합니다. 전망대가 설치된 포인트에서 내려다보는 절경은 탄성이 절로 나올 것입니다.

요세미티 국립 공원 Yosemite National Park

요세미티 국립 공원은 미국 캘리포니아 주 중부 시에라네바다 산맥 서쪽 사면에 위치한 산악 지대이며, 빙하의 침식으로 만들어진 절경으로 유명합니다. 빙하의 침식 작용으로 화강암 절벽과 U자형 계곡이 형성되었고, 이어 빙하가 녹기 시작하면서 300개가 넘는 호수, 폭포, 계곡 등이 생겼습니다.

#1. 라스베이거스 호텔
#2. 요세미티 국립 공원

전통이 살아 숨쉬는 China

베이징 올림픽과 중국 유학 열풍으로 최근 들어 중국 여행이 점차 각광을 받고 있어요. 중국의 오랜 역사와 함께 전통과 문화를 체험할 수 있는 기회가 되며, 다양한 먹을거리를 체험할 수 있는 여행이 될 거예요. 정세가 비교적 안정적이긴 하나 티베트 독립 움직임과 관련된 지역을 여행할 경우에는 반드시 적법한 여행 허가를 받아야 해요. 군사적 이유 등으로 여행이 금지된 지역이 있으므로, 방문 가능 여부를 반드시 확인한 후에 여행하세요.

상해 Shanghai

Good 5~10월이 여행하기 가장 좋은 시기이지만, 중국의 화려한 신년 행사를 경험해 보고 싶다면 구정 축제가 열리는 음력 1월도 좋아요. 용선제가 열리는 5월도 많은 관광객이 방문하는 시기예요.

Bad 지역에 따라 기후가 다양해요. 북부 지방은 겨울이 길고 매우 춥기 때문에 피하는 게 좋고, 황사가 심해지는 봄철도 여행하기 좋지 않은 계절이에요.

만리장성 Great Wall of China

중국을 대표하는 관광지 중의 하나인 만리장성은 중국 본토의 북변, 몽골 지역과의 사이에 축조되었습니다. '인류 최대의 토목 공사'라고 불릴 만큼 거대한 건축물로, 인공위성에도 보일 정도로 큰 규모를 자랑합니다.

장가계 Zhangjiajie

중국의 대표적인 여행 도시 중 하나로, 우링 산맥의 중앙에 위치해 있습니다. 중국 무술 영화에서 볼 수 있는 뾰족한 첩첩산중의 풍경을 감상할 수 있으며, 오래되고 다양한 케이블카와 엘리베이터 등을 이용하여 편안하게 여행할 수 있습니다.

상해 Shanghai

중국 최고의 번화가이자 중국 현대화의 상징 남경로와 항일 독립운동의 중심이 되었던 대한민국 임시 정부 청사를 관람할 수 있습니다. 소주 4대 개인 정원 중 하나인 사자림과 중국의 피사탑이라 불리는 소주의 상징물이 있는 호구탑도 유명 관광지입니다.

하이난 섬 Hainan Island

열대 계절 해양풍 기후 지역으로 연 평균 기온이 23.8도인 하이난 섬은 골프와 해양 스포츠를 즐길 수 있는 휴양지입니다. 추운 계절은 1~2월이지만, 평균 기온이 16~24도로 따뜻한 편입니다. 희귀 바다 생물이 서식하는 오지주도, 온천과 고급 호텔이 위치한 주강남전 온천, 고유 문화와 민속을 체험할 수 있는 삔량웬 민속 문화원 등을 관람할 수 있습니다.

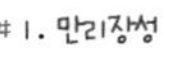

1. 만리장성
2. 장가계
3. 상하이의 위위안

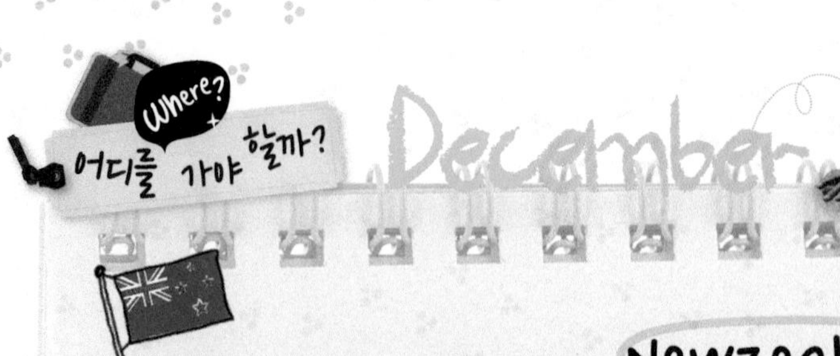

키위와 반지의 제왕의 나라 Newzealand

뉴질랜드 영어를 Kiwi English라고 할 만큼 뉴질랜드는 키위로 유명한 곳이에요. 우리나라에서는 키위가 다소 비싼 편이지만, 제철이라면 현지에서는 저렴하게 구입할 수 있어요. 영화 '반지의 제왕' 촬영지인 지역을 방문해 보는 투어도 생겨서 인기를 끌고 있어요. 급작스러운 기후 변화가 있으므로 여분의 겉옷과 방수 옷을 가지고 다니는 게 좋아요. 특히 6~9월은 우기인데 바람이 강하므로 우산보다 방수 옷 착용이 일반적이에요.

퀸즈타운 Queenstown

적절한 여행시기

Good 남반구에 위치한 국가이므로 11~2월의 여름이 여행하기 적절하며, 봄가을에도 다양한 꽃과 낙엽으로 유명해요. 축제를 즐기고자 한다면 와이탕이 조약 체결 기념일(2월)이나 여왕의 대관식 축제(8월)를 기억하세요.

Bad 겨울 날씨는 밤낮의 기온차가 크고 비와 바람이 자주 동반되어 실제 체감 온도는 더 추우므로 여행하기 좋지 않을 수 있어요.

밀포드 사운드 Milford Sound

피오르드 랜드에서 최고의 볼거리 중 하나인 이곳은 오래전 빙하에 의해 주변 산들이 1,000m 이상 거의 수직으로 깎여서 바다로 밀려들어가 생긴 곳으로, 뉴질랜드를 대표합니다. 또한 트레킹으로도 유명한 이곳은 아름다운 티아나우 호수를 볼 수 있어 시원한 폭포와 다양한 자연환경을 즐기며 트레킹할 수 있습니다. 겨울에는 눈이 내려 교통사고 위험이 높으므로 각별한 주의가 필요합니다.

테푸이아 Te Puia

로토루아를 대표하는 곳으로 마오리 문화와 자연이 잘 융화된 곳입니다. 다양한 온천이 있고 수증기가 뿜어지는 지열 지대를 볼 수 있으며, 물줄기에 비치는 무지개도 감상할 수 있습니다.

타우포 Taupo

북섬에 위치한 이곳은 엄청난 규모의 화산 분화구인 타우포 호수로 유명합니다. 겨울에는 루아페후로 산에서의 스키가 유명하며 송어 낚시, 번지 점프, 스카이 다이빙 등의 익스트림 스포츠도 즐길 수 있습니다. 후카 폭포 앞까지 제트 보트를 타고 즐기는 후카젯과 새우 양식장도 방문할 수 있습니다.

퀸즈타운 Queenstown

아름다운 명소이자 CF 촬영지로도 유명한 퀸즈타운은 빼어난 장관과 울창한 숲이 있어 트레킹하기 최적의 장소입니다. 산을 오르면 퀸즈타운 시내와 와카티푸 호수의 아름다운 절경을 한눈에 감상할 수 있습니다. 또한 가을이면 붉게 물든 낙엽으로도 유명합니다.

1

3

1. 밀포드 사운드
2. 뉴질랜드 원주민들의 춤
3. 타우포 화산 분화구

CHAPTER 1

출국

UNIT 1 기내, 입국 신고서
UNIT 2 입국 심사대, 세관 통과
UNIT 3 환승, 공항 정보, 숙소

UNIT 01 기내, 입국 신고서

드디어 여행 시작! 공항에 갈 때마다 여행에 대한 설렘과 함께 낯선 곳에 대한 걱정도 교차합니다. 비행시간이 길수록 옷은 편하게 입고, 공항에는 출발하기 최소 2~3시간 전에 도착해서 체크인하세요. 국내 항공사가 아니라면 기내에서부터 서바이벌 잉글리시가 시작됩니다. 자, 함께 출발할까요?

KEY EXPRESSIONS

❶ ______, please.
~을(를) 주세요.

❷ May I have ______?
~를 주시겠어요?

REAL DIALOGUE

A **Would you like fish or beef?**
생선과 쇠고기 중 어느 것을 하시겠습니까?

B **Beef, please. What do you have for drinks?**
쇠고기 주세요. 마실 것은 뭐가 있나요?

A **We have orange juice, coffee, tea, soda, and beer. What would you like to have?**
오렌지 주스와 커피, 차, 탄산음료와 맥주가 준비되어 있습니다. 어떤 것으로 드릴까요?

B **May I have orange juice and water?**
오렌지 주스와 물을 주시겠어요?

A **Here you are.**
여기 있습니다.

B **Thank you.**
감사합니다.

□ **soda** 탄산음료

Further Expressions

My seat number is 65A. Where is it?
좌석 번호가 65A인데, 어디인가요?

Walk down the aisle, please.
통로를 따라가세요.

May I go through?
지나가도 될까요?

Someone is in my seat.
제 자리에 누가 앉아 있어요.

Excuse me, I believe you are in my seat.
실례지만, 제 자리에 앉으신 것 같은데요.

I think this seat is mine.
여기는 제 자리인 것 같은데요.

Could you please change seats with me?
좌석을 바꿀 수 있을까요?

Can I put these in the overhead bin?
이것들을 (머리 위쪽의) 짐칸에 넣어도 되나요?

Would you please move your seat forward?
좌석을 앞으로 당겨 주시겠어요?

May I put my seat back?
좌석을 뒤로 젖혀도 될까요?

Wake me up for meals, please.
식사할 때 깨워 주세요.

No need for the meal service.
식사는 필요하지 않아요.

Would you put down your tray table?
접이식 테이블을 내려 주시겠어요?

Could I have another glass of water?
물 한 잔 더 주시겠어요?

Are you done?
= Are you through with your meal?
식사 다 하셨나요?

White wine, please.
= I'll have (a glass of) white wine, please.
백포도주 한 잔 주세요.

Can you show me how to turn off this light?
이 전등 끄는 방법 좀 알려 주시겠어요?

Do you have a sleeping mask?
수면용 안대 좀 주시겠어요?

Can I have a pair of slippers?
기내용 슬리퍼를 주시겠어요?

Do you have a pack of cards? I'd like to play a game.
카드 있나요? 게임을 하고 싶어서요.

Could you tell me how to use these earphones?
이어폰 사용법 좀 알려 주시겠어요?

Can I have a glass of ice water?
얼음물 한 잔 주세요.

Please do not wake me up.
깨우지 마세요.

Wake me for the duty-free, please.
면세품 판매 시 깨워 주세요.

Any passengers using electronic devices, such as a laptop computer, are asked to refrain from use until approximately 20 minutes after our departure.
출발 후 약 20분까지는 노트북과 같은 전자제품의 사용을 금합니다.

We are running 10 minutes ahead of schedule.
예정보다 10분 빨리 비행하고 있습니다.

We are 10 minutes behind the schedule.
예정보다 10분 늦어지고 있습니다.

We are at an initial cruising altitude of 31,000 feet.
초기 운항 고도인 3만 1천 피트에서 비행하고 있습니다.

When you are in your seats, we would like to recommend that you keep those seat belts fastened.
자리에 앉아 계실 때는 좌석 벨트를 매주십시오.

Airsickness bags are located in the seat pocket in front of you.
비행기 멀미용 주머니는 여러분들 앞쪽의 좌석 주머니에 비치되어 있습니다.

We're encountering some turbulence, please remain seated.
난기류를 만났으니 자리에 앉아 계십시오.

Now, we're arriving in Narita Airport. The temperature is 20℃ and it's a bit windy.
곧 나리타 공항에 도착하겠습니다. 온도는 20℃이며 바람이 약간 붑니다.

Please fill out this card before we arrive at our destination.
목적지에 도착하기 전에 이 카드를 작성해 주세요.

Could I get a pen and a piece of paper?
펜과 종이 좀 주시겠어요?

Please tell me how to fill out the customs declaration form.
입국 신고서 작성하는 법 좀 알려 주세요.

Could you check my entry form?
제 입국 신고서 좀 봐주시겠어요?

What do I fill out here?
여기에는 무엇을 쓰는 건가요?

Do you have one more landing card?
= *May I please have one more landing card?*
입국 신고서 한 장 더 있으세요?

- I feel sick. 몸이 안 좋네요.
- I have a stomachache. 배가 아파요.
- I feel cold. May I have a blanket? 추운데 담요 좀 주시겠어요?
- Please give me something for airsickness. 멀미약 좀 주세요.
- May I have an airsickness bag? 비행기 멀미용 주머니 좀 주시겠어요?
- Do you have a pill for a headache? 두통약이 있나요?
- My ears feel funny.
  = *My ears are popping.* 귀가 먹먹해요.

Further VOCABULARY

1 공항

transfer 환승하다
security check 보안 검색
baggage claim 수하물 찾는 곳
information desk[center] 안내소
check-in counter 체크인 카운터
boarding lounge 탑승 대기실
departure 출발
terminal 터미널
immigration 입국 심사
customs 세관
money exchange 환전
duty-free shop 면세점
boarding gate 탑승구
arrival 도착

2 기내

passenger 승객
seat belt 안전벨트
aisle seat 통로 쪽 좌석
flight attendant 승무원
cabin 비행기 객실
lavatory 화장실
Vacant 비어 있음
No Smoking 금연
overhead compartment (기내의 머리 위쪽에 짐을 두는) 짐칸
tray table 접이식 테이블
aisle 통로
window seat 창가 쪽 좌석
pilot 조종사
carry-on bag 기내에 들고 탈 수 있는 가방
flush (화장실 변기의) 버튼을 누르다
Occupied 사용 중

3 비상 상황

crew 승무원
emergency exit 비상구
oxygen mask 산소마스크
instruction (승무원의) 지시
aerophobia 고소 공포증
vomit 구토, 구토하다
emergency evacuation 비상 탈출
emergency room 응급실
life jacket[vest] 구명조끼
electronic devices 전자제품
trouble breathing 숨쉬기 곤란함
airsickness 비행기 멀미

4 입국 신고서

arrival[entry, landing] card 입국 신고서
family name/surname 성
male 남성
passport number 여권 번호
departure card 출국 신고서
first name/given name 이름
female 여성
passport issue date 여권 발행일

passport expiration date 여권 만료일
occupation 직업
purpose of visit 방문 목적
nationality 국적
flight No. 항공편명
place of issue (여권) 발급 도시
signature 서명
date of birth(Day, Month, Year) 생년월일(일/월/년)
country where you boarded 비행기를 탑승한 국가
city where visa was issued 비자를 받은 도시
airline and flight number 항공사와 항공편명
entered length of stay in (~의) 체류 예정 기간
country where you live 거주국
country of birth 출생국명
port of embarkation 탑승지
email address 이메일 주소
numbers of visits to ~로의 방문 횟수
airport of origin 출발 공항

5 날씨

fair[sunny] 맑은
partly cloudy 곳에 따라 흐린
shower 소나기
lightning 번개
snow 눈
low pressure 저기압
Celsius 섭씨
Fahrenheit 화씨(0℃ = 32℉, 10℃ = 50℉, 38℃ = 100℉)
cloudy 흐린
heavy rain 폭우
thunder 천둥
turbulence 난기류
snowstorm 눈보라
high pressure 고기압

SIGN ENGLISH

기내에서의 화장실은 lavatory라고 합니다. 기내 전체가 금연 구역이므로 화장실도 예외가 아니죠. 화장실에는 금연 구역임을 알리는 No Smoking이라는 문구가 화장실 문과 안쪽 곳곳에 붙어 있습니다. 기내에는 보통 앞과 뒤쪽으로 화장실이 있는데, 많은 사람들이 이용하기 때문에 화장실이 비어 있는지 확인하려면 천장에 있는 사인을 보면 됩니다. 사인에는 보통 화장실이 비어 있음을 알리는 Vacant, 사용 중임을 알리는 Occupied라고 표기됩니다. 일반적으로 Vacant는 초록색으로, Occupied는 빨간색으로 표시되며 화장실 문에서도 볼 수 있답니다.

Short Dialogues

A I'm looking for my seat.

B May I see your boarding pass, please?

A 제 자리를 찾고 있어요. B 탑승권 좀 보여 주시겠어요?

A Excuse me, but I think you're in my seat.

B Sorry. Let me check my boarding pass.

A 실례합니다만, 제 자리에 앉으신 것 같은데요. B 죄송해요. 탑승권을 확인해 볼게요.

A Excuse me. May I have a pillow and a blanket, please?

B Sure. Just wait a moment, please.

A 실례지만, 베개와 담요 좀 주시겠어요? B 물론이죠. 잠시만 기다리세요.

A Would you like coffee or tea?

B I'll have coffee with cream and sugar.

A 커피를 드릴까요, 차를 드릴까요? B 크림과 설탕을 넣은 커피로 주세요.

A Would you keep your bag under your seat? Please put up your tray table.

B Okay. I will.

A 가방을 좌석 밑으로 넣어 주시겠어요? 그리고 접이식 테이블을 (원래 위치대로) 접어 주세요. B 네, 그럴게요.

A May I recline my seat?

B No problem. Go ahead.

A 의자를 뒤로 젖혀도 되나요? B 네, 그러세요.

A Would you take this away?

B Sure.

A 이것 좀 치워 주시겠어요? B 네.

A What's the local time in New York?

B It's 9 p.m.

A 뉴욕의 현지 시간은 몇 시인가요? B 오후 9시예요.

A How do I fill out this form?

B Let me see. First write down your passport number, please.

A 이 신고서를 어떻게 작성하나요? B 잠시만요. 먼저 여권 번호를 적어 주세요.

A Could I have another one? I made a mistake.

B Sure. I'll be right back.

A (입국 신고서를) 한 장 더 주시겠어요? 실수를 했네요. B 그럼요. 곧 돌아오겠습니다.

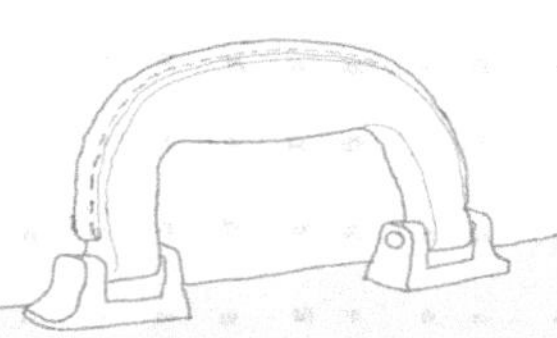

Travel Tips

기내에서 제공하는 물품과 음료수는 생각보다 다양합니다. 장거리 여행의 경우 보통 담요와 베개를 미리 제공하지만, 단거리 여행의 경우는 승무원에게 따로 요청해야 하기도 합니다. 신발이 불편하다고 해서 신발을 벗고 있게 되면 다른 사람들에게 실례가 되므로, 기내용 슬리퍼를 승무원에게 요청하는 게 좋습니다. 음료수는 항공사에 따라 조금씩 차이가 있지만 기본적으로 와인, 맥주, 위스키를 포함한 알코올음료와 오렌지, 사과, 포도 주스 등의 과일 주스와 다양한 탄산음료가 준비되어 있습니다. 기내에서 잠을 자기 위해 알코올음료를 과도하게 마시는 경우가 있는데, 활동이 적고 건조한 공간에서의 음주는 비행을 어렵게 만들 수 있으니 알코올음료보다는 충분한 수분을 보충하세요.

기내에는 생각보다 다양한 음료가 준비되어 있어요.

UNIT 02 입국 심사대, 세관 통과

긴 비행을 끝내고 드디어 목적지에 도착했습니다. 입국 심사대 앞에 길게 늘어선 줄을 보니 마음이 더 떨립니다. 입국 심사에서 묻는 질문은 몇 가지로 제한되어 있으니, 해당 표현만 잘 익혀 두면 당황하지 않고 대답할 수 있겠죠?

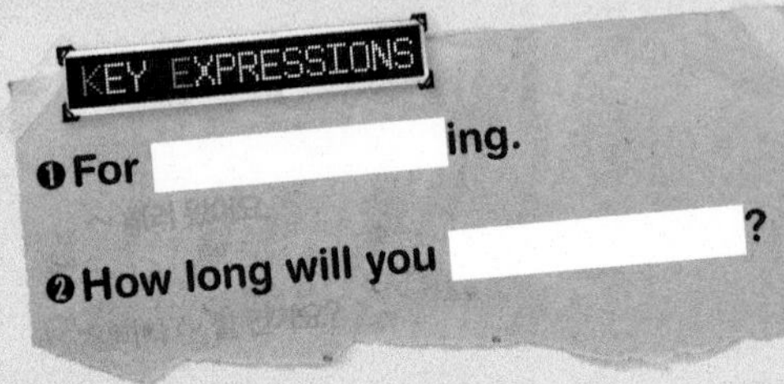

KEY EXPRESSIONS
❶ For ing.
❷ How long will you ?

REAL DIALOGUE

A **May I see your passport, please? What's the purpose of your visit?**
여권 좀 보여 주세요. 입국 목적은 무엇이지요?

B **For sightseeing.**
관광이요.

A **How long will you be staying?**
얼마나 머무실 건가요?

B **For about a week.**
일주일쯤요.

A **OK. Go ahead and collect your baggage.**
좋습니다. 짐을 찾으러 가셔도 됩니다.

B **Thank you.**
고맙습니다.

□ **purpose** 목적 □ **sightseeing** 관광

Further Expressions

Your passport, please.
= Can[May] I have your passport, please?
여권을 주세요.

Where are you from?
= Where are you coming from?
어디에서 오셨나요?

I'm from Korea.
= I'm coming from Korea.
한국에서 왔어요.

Which airline were you on?
= Which flight did you come in on?
어떤 항공편으로 오셨나요?

What is the purpose of your visit?
무슨 목적으로 방문하셨나요?

I'm here for vacation.
휴가 차 왔습니다.

I'm here on business.
사업상 왔습니다.

I'm here for studying.
공부하러 왔습니다.

I'm here for sightseeing[traveling].
관광하러 왔습니다.

Is this the first time to visit Taiwan?
대만 방문은 이번이 처음이신가요?

Have you ever been to Canada before?
전에 캐나다에 온 적이 있으신가요?

No, this is my first time.
아니요, 처음이에요.

Do you have a return ticket?
돌아가는 비행기 표는 있으신가요?

How long are you planning to stay?
= How long are you going to stay?
= How long will you stay?
얼마나 머무르실 건가요?

I'm planning to stay for about two weeks.
= I'll be staying for two weeks.
2주간 머무를 거예요.

Where are you going to stay?
= Where are you planning to stay?
어디에서 머무르실 건가요?

Tell me the address you are going to stay at.
머무르실 곳의 주소를 알려 주세요.

What's your occupation?
= What's your job?
= What do you do?
직업이 무엇인가요?

How much do you have with you?
돈은 얼마나 갖고 계신가요?

I have about five hundred dollars and a credit card.
500달러 정도와 신용 카드가 있습니다.

Enjoy your stay.
즐거운 여행 되세요.

Where is the baggage claim area?
= Where can I pick up my baggage?
수하물 찾는 곳이 어디인가요?

Do you have your baggage claim tag?
수화물 인수증을 갖고 계신가요?

It'll be coming in on the next flight.
다음 비행기 편으로 올 거예요.

My suitcase has been damaged.
제 가방이 파손됐어요.

I'm sorry about this. We'll compensate you for the loss.
죄송합니다. 손해 배상을 해드리겠습니다.

May[Can] I see your customs declaration?
= Please hand me your customs declaration.
= Your customs declaration, please.
세관 신고서를 보여 주시겠습니까?

Your passport and declaration card, please.
여권과 세관 신고서를 주세요.

I lost the declaration form. Can I fill it out again?
세관 신고서를 잃어버렸는데, 다시 작성해도 되나요?

Do you have anything to declare?
세관에 신고할 물건이 있나요?

No, I don't.
= No, nothing.
= No, I have nothing to declare.
아니요, 없습니다.

Open your baggage, please.
가방을 열어봐 주세요.

This is a pack of Korean noodles.
이건 한국 라면입니다.

You will have to pay a duty for this.
이것은 세금을 내야 합니다.

- My luggage hasn't come out yet.
  = My luggage hasn't arrived yet. 제 짐이 아직 도착하지 않았어요.
- I can't find my bag. 제 가방을 찾을 수가 없어요.
- Check the Lost and Found. 분실물 센터에서 확인해 보세요.
- Do I have to pay a duty for this? 이 물건은 관세를 내야 하나요?
- How much do I have to pay? 얼마를 내야 하나요?
- I forgot my bag. 가방을 두고 왔어요.
- Please show me the admission paper from the school.
  입학증명서를 보여 주세요.

Further VOCABULARY

1 입국 심사

immigration 입국 심사
immigration officer 출입국 관리 직원
immigration office 출입국 관리 사무소
passport control 여권 검사소
boarding pass 탑승권
resident 거주자
foreigner 외국인
purpose 목적
visit 방문, 방문하다
stay 머물다
plan to[be going to] ~할 계획이다
first trip to ~ ~로의 첫 번째 여행
sightseeing[traveling] 관광
business 사업
visiting relatives 친척 방문
return ticket 돌아가는 비행기 표
homestay 홈스테이
destination 목적지
departure lounge 출국 라운지
green card 영주권

2 수하물 찾기

flight No. 비행기명
airline 항공사
departure 출발
arrival 도착
damaged 파손된
missing 분실된
luggage cart 짐 이동용 카트
insert 삽입하다
coin 동전
name tag 이름표
exit 출구
baggage carousel 수하물 나르는 컨베이어
suitcase 여행가방
claim check 수하물표
Baggage Claim[Bag Claim] 수하물 찾는 곳

3 세관

customs 세관
customs declaration 세관 신고
customs duty 관세법
drug 마약
tax[duty]-free item 면세 품목
clear customs 세관을 통과하다
tax 세금
fine 벌금
declare 신고하다
luggage[baggage] 수하물
plants 식물
agricultural products 농산물
personal belongings 개인 소지품

세관 신고서를 보면 다음과 같은 물건을 가져왔는지 혹은 어디를 다녀왔는지 묻는 항목이 있는데, 해당 내용과 관계없다면 No에 체크하면 됩니다.

11. I am(We are) bringing ________________.
본인은(우리는) 다음의 것을 휴대하고 있음.

(a) fruits, plants, seeds, food, insects
과일, 식물, 씨앗, 음식, 곤충(벌레)

(b) meats, animals, animal/wildlife products
육류, 동물, 야생 동물/생물 제품

(c) disease agents, cell cultures, snails
병원체, 세포 배양물, 달팽이

(d) soil or have been on a farm/ranch/pasture
토양 또는 농장, 목장, 목초지에 다녀옴

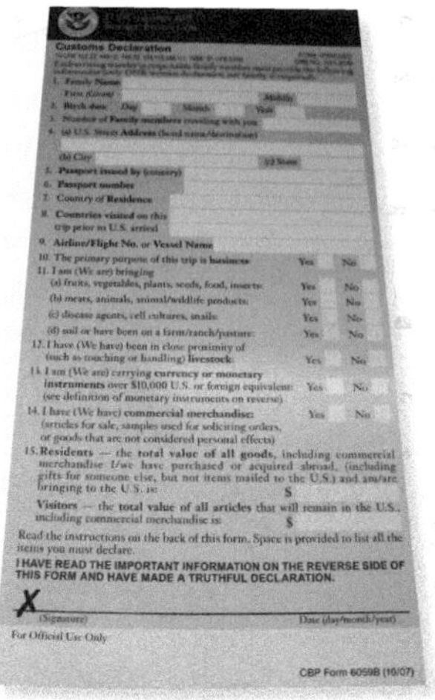

Customs Declaration

1. Family Name
First (Given) Middle
2. Birth date Day Month Year
3. Number of Family members traveling with you
4. (a) U.S. Street Address (hotel name/destination)
(b) City (c) State
5. Passport issued by (country)
6. Passport number
7. Country of Residence
8. Countries visited on this trip prior to U.S. arrival
9. Airline/Flight No. or Vessel Name
10. The primary purpose of this trip is business: Yes No
11. I am (We are) bringing
(a) fruits, vegetables, plants, seeds, food, insects: Yes No
(b) meats, animals, animal/wildlife products: Yes No
(c) disease agents, cell cultures, snails: Yes No
(d) soil or have been on a farm/ranch/pasture: Yes No
12. I have (We have) been in close proximity of (such as touching or handling) livestock: Yes No
13. I am (We are) carrying currency or monetary instruments over $10,000 U.S. or foreign equivalent: Yes No
(see definition of monetary instruments on reverse)
14. I have (We have) commercial merchandise: Yes No
(articles for sale, samples used for soliciting orders, or goods that are not considered personal effects)
15. Residents — the total value of all goods, including commercial merchandise I/we have purchased or acquired abroad, (including gifts for someone else, but not items mailed to the U.S.) and am/are bringing to the U.S. is: $
Visitors — the total value of all articles that will remain in the U.S., including commercial merchandise is: $

Read the instructions on the back of this form. Space is provided to list all the items you must declare.

I HAVE READ THE IMPORTANT INFORMATION ON THE REVERSE SIDE OF THIS FORM AND HAVE MADE A TRUTHFUL DECLARATION.

X
(Signature) Date (day/month/year)

For Official Use Only

CBP Form 6059B (10/07)

미국 세관 신고서(Customs Declaration) 양식이에요.

SIGN ENGLISH

입국 심사를 통과하면 이제 수하물을 찾아야겠죠. 수하물을 찾으려면 Baggage Claim[Bag Claim]이라는 표지판을 따라가면 됩니다. 수하물이 한꺼번에 쏟아져 나오게 되면 비슷하게 생긴 가방들 속에서 자신의 가방을 찾는 것이 쉽지 않습니다. 비행기 수속을 할 때 눈에 띄는 색의 손수건을 가방 손잡이에 묶어 두면 수하물을 빨리 찾을 수 있습니다. 만약 항공사의 실수로 수하물이 도착하지 않을 경우에는 화물 담당자에게 이야기하여 신고 접수증(Property Irregularity Report - PIR)을 작성해야 합니다. 이때 받은 신고 접수증의 file reference number로 대부분의 항공사 홈페이지에서 수하물 추적이 가능합니다. 공항에 따라 잠옷과 간단한 세면도구를 나누어 주기도 하고 생필품을 지급받지 못한 경우에는 구입한 이후에 영수증을 첨부하면 환급받을 수 있습니다. 숙소의 전화번호와 주소를 남기면 수하물이 도착하는 대로 배달됩니다. 여행자 보험에 따라 수하물 지연이나 분실에 따른 보상을 받을 수 있으니 확인해 보는 것이 좋습니다.

Short Dialogues

A Welcome to Canada. May I see your passport, please?

B Sure. Here it is.

A 캐나다에 오신 것을 환영합니다. 여권을 보여 주시겠어요? B 네, 여기 있습니다.

A What is the purpose of your visit?

B I'm here on business.

A 어떤 목적으로 방문하셨나요? B 사업 차 왔어요.

A How long are you staying in Vancouver?

B For about 10 days.

A 밴쿠버에서 얼마나 머무를 건가요? B 열흘쯤이요.

A Where will you be staying?

B I'll be staying at the Red Coconut Hotel.

A 어디에서 묵으실 겁니까? B 레드 코코넛 호텔에서요.

A Do you have a return ticket?

B Here.

A 돌아갈 항공권은 갖고 계십니까? B 여기요.

A Where can I get my luggage?

B What's your flight number?

A 어디에서 짐을 찾나요? B 항공편명이 어떻게 되시죠?

A I can't find my luggage.

B Which flight were you on?

A 제 짐을 못 찾겠어요. B 어떤 항공편으로 오셨나요?

A Your passport and declaration form, please. Do you have anything to declare?

B No, nothing.

A 여권과 세관 신고서를 보여 주세요. 세관에 신고할 물건이 있습니까? B 아니요, 없습니다.

A What's in this bag?

B My clothes and personal belongings.

A 이 가방 안에는 뭐가 있나요? B 옷과 개인 용품이요.

A Would you open this bag? You're not allowed to bring this with you.

B Sorry, I didn't know.

A 이 가방을 열어 주시겠어요? 이것은 가져가실 수 없습니다. B 죄송해요. 몰랐어요.

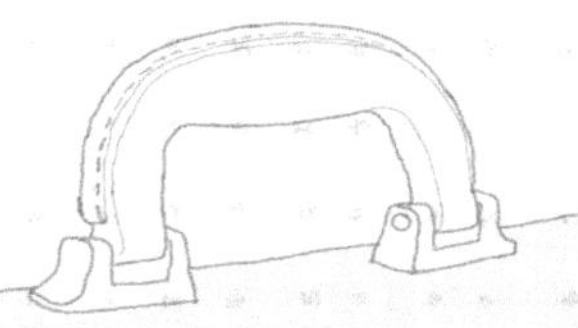

Travel Tips

공항이 큰 경우에는

표지판을 잘 따라서 이동해야 시간을 절약할 수 있습니다. 다음은 공항에서 볼 수 있는 표지판입니다.

Courtesy Vehicles 마중 나온(무료) 차량

Limousines 공항버스

Public Transit 대중교통

Rental Car Counters 렌터카 카운터

Charter Buses 전세 차량

Restroom 화장실

Scheduled Airporters 셔틀버스

Door-to-Door Vans 밴 택시

Parking 주차장

Taxis 택시

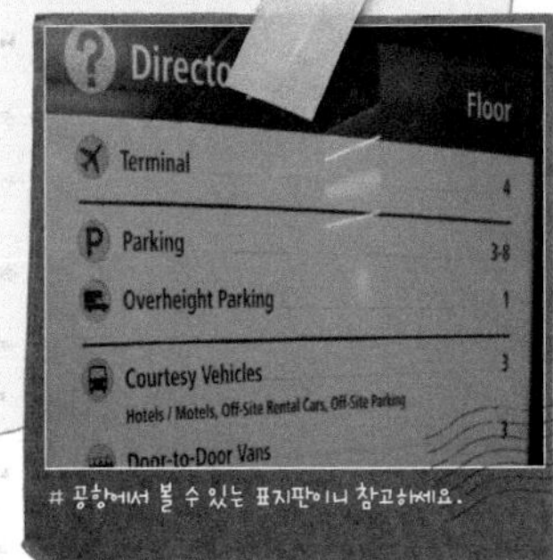

공항에서 볼 수 있는 표지판이니 참고하세요.

UNIT 03 환승, 공항 정보, 숙소

직항을 이용하게 되면 갈아타는 번거로움 없이 여행할 수 있다는 장점이 있습니다. 하지만 배낭여행의 경우는 비용을 줄이기 위해 보통 경유하는 비행기를 이용하게 되는데, 많은 여행객들이 쇼핑을 하거나 시간을 잘못 계산하여 경유하는 비행기를 놓치는 경우가 빈번히 발생하니 주의하세요.

KEY EXPRESSIONS

❶ Where is ______________?
~이(가) 어디인가요?

❷ Do I have to ______________?
제가 ~해야 하나요?

REAL DIALOGUE

A **Excuse me. I'm going to London. Where is the gate for the connection flight?**
실례합니다. 런던에 가는데요. 환승편의 게이트가 몇 번인가요?

B **Go to gate 10.**
10번 게이트로 가세요.

A **When do I need to board my flight?**
몇 시까지 비행기에 탑승해야 하나요?

B **You should be at the gate by 11.**
11시까지 게이트로 가셔야 합니다.

A **Do I have to pick up my baggage?**
제 짐을 다시 찾아야 하나요?

B **No, it'll be transferred to your next flight.**
아니요. 다음 비행기 편으로 옮겨질 거예요.

A **OK. Thank you.**
알겠습니다. 감사합니다.

□ **connection flight** 환승(연결)편 □ **transfer** 환승하다, 이동시키다

Further Expressions

I have to take a connecting flight.
비행기를 갈아타야 합니다.

Where do I go to change planes?
= Where should I go to transfer planes?
비행기는 어디에서 갈아타죠?

Where do I check in?
탑승 수속은 어디에서 합니까?

How long is the layover?
= How long will we stop here?
(이 공항에서) 얼마나 머물게 되나요?

What time is the exact departure time?
정확한 출발 시간은 몇 시인가요?

Are you a transit passenger?
환승객이십니까?

What should I do with my checked luggage?
맡긴 짐은 어떻게 해야 하나요?

Are there any duty-free shops there?
거기에 면세점이 있나요?

Where is the transfer counter[center]?
환승 카운터가 어디에 있나요?

Where is the waiting room?
대합실이 어디에 있나요?

Can I do some shopping in duty-free shops?
면세점을 이용할 수 있나요?

Do we have enough time for shopping?
쇼핑할 시간이 있나요?

Where are the baggage carts?
짐 운반용 카트는 어디에 있나요?

Is it free to use the baggage carts?
짐 운반용 카트는 무료로 사용할 수 있나요?

When do you close?
몇 시까지 영업하시나요?

May I leave my luggage here?
짐을 여기 두고 가도 되나요?

How much do you charge for one bag?
가방 하나에 얼마를 내야 하나요?

How much is it to downtown by taxi?
택시로 시내까지 요금이 얼마인가요?

How long does it take to go downtown?
시내까지 얼마나 걸리나요?

Are there any airport buses that go downtown?
시내로 가는 공항버스가 있나요?

What bus should I take to go downtown in Vancouver?
밴쿠버 시내로 가려면 몇 번 버스를 타야 하죠?

Where's the bus stop?
버스 정류장이 어디죠?

What is the exchange rate?
환율이 어떻게 됩니까?

How would you like the money?
돈은 어떻게 드릴까요?

I'd like two 20's and four 10's.
20불짜리 두 개와 10불짜리 네 개로 주세요.

Could you change this bill into coins?
이 지폐를 동전으로 바꿔 주세요.

Can you exchange this for Canadian dollars, please?
이것을 캐나다 달러로 교환해 주시겠어요?

Please sign here.
= *Your signature, please.*
여기에 서명해 주세요.

Where is the information center?

= *Where can I find the information center?*

공항 안내소는 어디인가요?

Can I reserve a hotel room here?

여기서 호텔 예약을 할 수 있나요?

I need a room for tonight.

오늘 밤에 묵을 방이 필요합니다.

How can I get to this hotel?

이 호텔까지 어떻게 가나요?

How often does the bus to downtown run?

시내로 가는 버스는 얼마나 자주 있나요?

Is there any subway that goes downtown?

시내로 가는 전철이 있나요?

May I have a brochure for accommodations?

숙박 안내 책자를 받을 수 있을까요?

May I have a city map?

시내 지도를 얻을 수 있나요?

» I'm lost. Can you help me?

길을 잃었는데, 저 좀 도와주시겠어요?

» I missed my connecting flight to London.

런던행 연결편을 놓쳤어요.

» My flight was delayed and I missed the connecting flight.

비행기가 연착되어 연결편을 놓쳤어요.

» I lost my boarding pass. 탑승권을 잃어버렸어요.

Further VOCABULARY

1 환승

transfer 환승하다
transfer counter[center] 환승 카운터
connection 연결편
transit 통과, 환승
final destination 최종 목적지
gate 탑승구
layover[stopover] 경유지
duty-free shop 면세점
transit pass[card] 환승권
jet lag 시차증
domestic service 국내선
carry-on bag 기내에 들고 갈 수 있는 가방
transit passenger 환승객
connecting flight 환승편
transit lounge 환승객 라운지
delay 연착되다
stand-by 대기
moving sidewalk 무빙워크
departure time 출발 시간
waiting room 대합실
time difference 시차
international service 국제선
terminal 터미널

2 경유지 관광

map 지도
subway map 전철 노선표
timetable 시간표
bus schedule 버스 시간표

3 공항 안내 센터

information desk[center] 공항 안내소
downtown 시내
charge 청구하다
pick-up service 마중 서비스
subway station 전철역
rent-a-car[rental car] 렌트카
reserve[book] 예약하다
accommodation 숙박
phone number 전화번호
bus station 버스 정류장
brochure[leaflet] 팸플릿, 책자
local time 현지 시간

4 환전

exchange rate[currency exchange] 환율
Foreign Currency Exchange Counter 외환 창구
exchange commission 환전 수수료
bill 지폐
coin 동전
amount 합계
commission fee 수수료
change 바꾸다
cash 현금
receipt 영수증
fill out 기입하다
traveler's check 여행자 수표

SIGN ENGLISH

대부분의 공항이 도시 중심지에서 떨어진 곳에 있기 때문에 시내에 위치한 숙소로 이동하려면 대중교통을 이용해야 합니다. 공항과 도시를 연결하는 급행열차나 리무진이 일반적이기는 하지만, 공항 안내 센터(information center)를 이용하면 좀 더 저렴하고 편리한 교통수단을 이용할 수 있습니다. 특히 휴양 도시의 경우 호텔이 중심가에 밀집되어 있기 때문에 호텔 셔틀버스를 이용하는 것이 편리합니다. 호텔 셔틀버스의 경우 왕복 요금이 더 저렴하고 돌아가는 비행기 시간에 맞추어 호텔 앞으로 다시 픽업을 해주므로 24시간 이전에 예약하면 이용 가능합니다.

A I'm connecting to Northwest Airline 348.

B Do you have your boarding pass?

A 노스웨스트 항공 348편으로 환승할 겁니다. B 탑승권을 가지고 계신가요?

A I'm going to Paris. Which gate should I go through?

B Sorry, I have no idea.

A 파리에 가는데, 몇 번 게이트로 가야 하나요? B 죄송합니다만, 모르겠네요.

A I'm lost. Where am I? Can you show me where I am on this map?

B Let me see. You are in front of gate 11.

A 길을 잃었어요. 여기가 어디인가요? 이 지도상에서 제가 어디에 있는지 알려 주시겠어요? B 잠깐만요. 11번 게이트 앞에 있는 거네요.

A Are there any duty-free shops?

B Yes, they are on the second floor.

A 면세점이 있나요? B 네, 2층으로 가시면 되요.

A How much time do I have?

B It's 10 now. You should be at the gate by 11.

A 시간이 얼마나 있나요? B 지금 10시인데, 11시까지 게이트로 오셔야 합니다.

A How can I get to the Holiday Inn?

B You can take a taxi or take bus No. 10.

A 홀리데이 여관에는 어떻게 가야 하나요? B 택시나 10번 버스를 타시면 됩니다.

A Can I get the leaflets for hotels?

B Sure. Here you are.

A 호텔 안내 책자 좀 주시겠어요? B 물론이죠. 여기 있습니다.

A I'm going to the Hilton Hotel. Are there any shuttle buses that I can take?

B At the corner of gate A, you can take a shuttle.

A 힐튼 호텔에 가려는데, 셔틀버스가 있나요? B A게이트 모퉁이에서 셔틀버스를 타시면 됩니다.

A How much is it for the round trip?

B It's 15 dollars.

A 왕복표가 얼마인가요? B 15달러입니다.

Travel Tips

유럽이나 동남아시아로 여행하는 경우 홍콩이나 싱가포르를 경유하는 비행기가 많은데, 이 도시들을 경유한다면 경유 시간을 조정해서 시내 구경을 할 수도 있습니다. 비행기 예약 시 경유지에서 1박 이상 체류하도록 계획할 수도 있고, 보통 5~6시간 정도는 추가 요금 없이 체류할 수 있습니다. 경유지에서 필요한 돈은 미리 공항에서 환전해 가셔야 합니다. 홍콩의 경우에는 경유 시간이 5시간 정도일 때 공항에서 중심지까지 연결된 전철을 이용해서 홍콩 야경을 감상할 수도 있으니 미리 계획을 짜보세요.

경유하는 비행기를 예약했다면, 체류하게 될 나라에서 머물 일정을 짜 보세요.

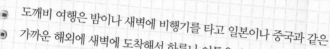

직장인들을 위한 휴식, 도깨비 여행

도깨비 여행은 밤이나 새벽에 비행기를 타고 일본이나 중국과 같은 가까운 해외에 새벽에 도착해서 하루나 이틀을 숙박한 후, 다시 밤이나 새벽에 한국으로 돌아오기 때문에 시간이 많지 않은 직장인들에게 인기입니다. 체력적으로 힘이 들긴 하지만 낮 시간을 이용해 온전히 관광할 수 있어 일반적인 2박 3일 여행 코스보다 더 인기 있는 일정이기도 합니다. 주로 새벽에 이동이 잦기 때문에 체력적인 소모가 많으며 젊은 배낭족이 많이 이용하는 자유여행 방법입니다. 가장 인기 있는 도깨비 여행지는 일본의 동경과 홍콩이라고 할 수 있습니다.

요요기 공원
백화점이 밀집한 시부야 근처
메이지 신궁

시부야 젊은이들의 유행 발산지이며 활기가 넘치는 곳으로, 패션빌딩 109와 공개 라디오 방송 등 이벤트를 개최하는 타워 레코드가 있습니다.

신주쿠 에너지가 넘치는 큰 터미널 도시로 일본 최대의 유흥가인 가부키쵸, 이세탄 신주쿠 백화점이 위치해 있습니다. 이곳에서는 국내보다 저렴한 값에 중저가의 브랜드 상품을 구입할 수 있습니다.

긴자 최신 부티크와 일류 백화점이 즐비한 번화가입니다.

오다이바 동경만을 바라볼 수 있는 오다이바 해양공원과 멋진 야경 및 경관을 자랑하는 레인보우 브리지, 도요타의 쇼룸 메가웹, 에도 시대 거리를 배경으로 한 오다이바에 있는 온천 유명지 오오에도 온천을 할 수 있습니다.

메이지 신궁 메이지 천황의 덕을 기념하여 세워진 신사입니다.

우에노 예술의 숲이 있고 서민들의 활기가 넘치는 곳으로, 우에노 공원과 동물원을 관람할 수 있습니다.

빅토리아 피크에서 내려다본 홍콩의 야경

홍콩 시내의 골목

홍콩 시내의 2층 버스

소호(Soho) 거리 외국인이 많이 모이는 거리로 다양한 식당과 노천카페, 술집, 쇼핑점 등이 밀집되어 있는 거리입니다. 항상 사람들로 붐비며 홍콩 특유의 분위기를 자아냅니다.

미드레벨 에스컬레이터 총 길이 800m로 세계에서 가장 긴 에스컬레이터이며, MTR 성완역과 센트럴역 사이에 위치해 있습니다. 안에서 밖을 내다보며 주변 정경을 바라볼 수 있습니다. 원래 이곳은 고지대에 위치한 고급 맨션 거주자들을 위해 만들어진 것이었지만, 요즘은 관광객들에게 더 사랑받는 명소가 되었습니다.

할리우드 로드 우리나라의 인사동 거리처럼 중국의 전통 가구들을 구경하거나 전통 차를 맛볼 수 있는 곳입니다. 작은 소품들을 파는 쇼핑점에서 기념품이나 선물을 구입해 보세요.

홍콩의 야경 홍콩 야경을 구경하는 가장 좋은 방법 중 하나는 아쿠아루나를 이용하는 것입니다. 중국 전통 배 모양의 아쿠아루나는 센트럴과 침사추이를 오가면서 홍콩 섬과 구룡 반도의 경관을 즐길 수 있는 선상 레스토랑이 갖춰진 유람선입니다. 범선에는 로맨틱한 조명이 있어 저녁에는 야경을 감상하기 좋습니다. 전체 투어는 약 45분 정도 소요됩니다.

홍콩 마담투소 전시관 세계의 모든 유명인들을 한자리에 만날 수 있는 아시아 유일의 마담투소 밀랍 인형 박물관에는 100개 이상의 유명인들의 밀랍 인형을 보유하고 있습니다.

홍콩 디즈니랜드 홍콩 디즈니랜드는 2005년에 아시아에서는 두 번째로 홍콩의 란타우섬에 문을 열었습니다. 다양한 볼거리와 식당, 쇼핑점, 호텔도 함께 있어 하루 종일 즐길 수 있는 테마 파크입니다.

홍콩 해양공원(오션 파크) 동남아시아 최대 규모의 수족관이자 위락시설인 오션 파크는 많은 홍콩 방문객이 선호하는 곳으로, 특히 어린이를 동반하는 관광객들에게 인기가 많은 곳입니다. 오션 파크의 모든 것을 보기 위해서는 하루 종일이 걸리며 놀이시설과 돌고래쇼, 케이블카, 독특한 쇼핑과 훌륭한 식사를 즐길 수 있고 볼거리도 많습니다.

CHAPTER 2

교통편 이용

UNIT 4 도보 여행

UNIT 5 대중교통 이용

UNIT 6 렌터카 대여, 주유, 주차

도보 여행

낯선 곳에서 길을 찾아 가며 계획한 루트대로 가는 일이 쉽지 않지만, 배낭여행에서 돌아오면 도보 여행이 기억에 가장 많이 남는 것 같습니다. body language만으로도 절반 이상의 의사소통이 가능하므로 용기를 내서 많이 물어보며 여행하세요.

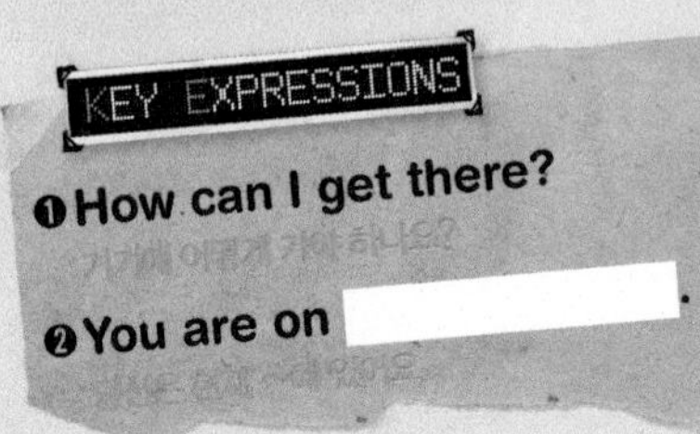

KEY EXPRESSIONS
❶ How can I get there?
❷ You are on ______.

REAL DIALOGUE

A **Excuse me. I'd like to go to the British Museum. How can I get there?**

실례합니다. 대영 박물관에 가려고 하는데요. 거기에 어떻게 가야 하나요?

B **Let's see. You are on the corner of 5th Street now. Go straight for two blocks and turn left. It'll be on your right.**

어디 봅시다. 지금 5번가 모퉁이에 있네요. 두 블록 직진하셔서 좌회전하세요. 오른편에 있을 거예요.

A **OK. Go straight for two blocks, and turn left. It's on my right. How long does it take to walk there?**

알겠습니다. 두 블록을 직진해서 왼편으로 돌면 오른편에 있다고 하셨죠? 걸어서 얼마나 걸리나요?

B **Um... Probably less than 5 minutes on foot.**

음, 아마 도보로 5분 이내일 거예요.

A **Thanks for your help.**

도와주셔서 감사합니다.

□ **on foot** 도보로

Further Expressions

Can I ask for the directions?
= *Would you show[tell] me the directions?*
방향을 알려 주시겠어요?

Can you show[tell] me the way to City Hall?
= *Tell me how to get to City Hall, please.*
시청으로 가는 길을 알려 주시겠어요?

Could you mark it on this map?
그곳을 이 지도에 표시해 주시겠어요?

Which way is the museum?
어느 쪽이 박물관인가요?

Where is the Sydney Harbour Bridge?
시드니 하버 브리지가 어디에 있나요?

How can I get to the National Museum?
국립 박물관으로 가려면 어떻게 가야 하죠?

What would be the fastest way to English Bay?
= *Which transportation would be the fastest way to English Bay?*
잉글리시 베이로 가는 가장 빠른 방법(교통수단)은 무엇인가요?

Go straight and turn right at the stop sign.
직진하다가 정지 표지판에서 우회전하세요.

Take a left on Acacia Drive.
아카시아길에서 좌회전하세요.

Follow Kings Avenue for about half a mile.
반 마일 정도 킹스가를 따라가세요.

At the next crossroad, turn right.
다음 사거리에서 우회전하세요.

King's Avenue is the first left.
킹스가는 첫 번째 왼편에 있어요.

There's a postbox[mailbox] on the corner.
모퉁이에 우체통이 있어요.

Turn right at the first traffic light.
첫 번째 신호등에서 우회전하세요.

It's easy to get to the station.
역으로 가는 길은 쉬워요.

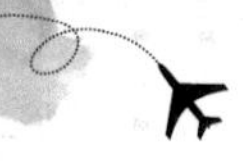

Keep going straight.
앞으로 곧장 가세요.

Go straight for about two minutes.
2분 정도 직진하면 됩니다.

Go straight down the two blocks and turn left.
두 블록 직진한 후에 좌회전하세요.

Go straight down the three blocks and make a right.
세 블록 직진한 후에 우회전하세요.

You can't miss it.
쉽게 찾을 수 있을 겁니다.

How long does it take to ABC Bank?
ABC 은행까지 얼마나 걸리나요?

How long does it take to get there on foot?
걸어서 그곳까지 얼마나 걸리나요?

Is it far from here?
여기에서 먼가요?

How far is it from here?
여기에서 얼마나 먼가요?

Is that nearby here?
여기에서 가까운가요?

Is it walking distance, or do I have to take a bus?
걸어갈 수 있는 거리인가요, 아니면 버스를 타야 하나요?

Are the house numbers going higher(or lower)?
집 번지가 높아지나요(낮아지나요)?

Does it take more than 10 minutes?
10분 이상 걸리나요?

We're actually right across the street from St. John's Church.
우리는 성 요한 교회 바로 맞은편에 있어요.

The central park is next to the police station.
중앙 공원은 경찰서 옆에 있어요.

There is a post office near the department store.
백화점 근처에 우체국이 있어요.

There is a tower behind the police station.
경찰서 뒤에 타워가 있어요.

The bus stop is in front of the school.
버스 정류장이 학교 앞에 있어요.

The burger place is close to the museum.
햄버거 가게는 박물관과 가까워요.

There is a library around the corner from City Hall.
시청 모퉁이 근처에 도서관이 있어요.

The convenience store is between the drugstore and the bookstore.
편의점은 약국과 서점 사이에 있어요.

» I'm lost. Can you give me a hand?
길을 잃었는데, 저 좀 도와주시겠어요?

» I can't find my way to the Sheraton hotel.
셰러턴 호텔로 가는 길을 못 찾겠어요.

» Where am I on this map? 이 지도상에서 제가 어디에 있는 건가요?

» Would you draw me a map? 약도를 그려 주시겠어요?

» Can you help me to find my way? 길을 찾도록 도와주시겠어요?

Further VOCABULARY

1 방향

direction 방향
north 북쪽
south 남쪽
east 동쪽
west 서쪽
right 오른쪽
left 왼쪽

2 위치

next to ~ 옆에
near 옆에
in front of ~ 앞에
across from ~ 맞은편에
behind 뒤에
close to ~ 가까이에
around 주변에
corner 모퉁이

3 거리(길) 표시

[1]Street(St.), Avenue(Ave), Boulevard(Blvd), Lane, Court, Drive, Circle, Parkway, Square

❶ 예전에는 동서 또는 남북 방향에 따라 Street와 Avenue를 구분하였으나 점차 이런 구분 없이 사용되고 있습니다.

4 거리

crosswalk 횡단보도
traffic light[signal] 신호등
overpass 육교
sidewalk(英 pavement) 보도
odd number 홀수 번지
[1]even number 짝수 번지
house number 집 번지
detour 우회도로
express[free] way 고속 도로
downtown 시내
speed limit 제한 속도
crossroad(英 intersection) 사거리
blind alley[dead end, No Outlet] 막다른 골목
underground passage[underpass] 지하도

❶ 건물의 번지는 길 양쪽으로 나누어서 홀수와 짝수로 배열되어 있습니다.

5 건물

city hall 시청
bank 은행
post office 우체국
police station 경찰서
drugstore(英 pharmacy) 약국
hospital 병원

subway station 지하철역
restaurant 식당
department store 백화점
museum 박물관
aquarium 수족관
church 교회
temple 사원
theater[cinema] 영화관
parking lot 주차장
square 광장

airport 공항
parliament building 국회 의사당
gallery 미술관
national history museum 자연사 박물관
amusement park 놀이공원
cathedral 대성당
outlet 아울렛
❶bus stop 버스 정류장
fountain 분수

❶ bus station은 한국의 버스 터미널, bus stop은 버스 정류장을 뜻합니다. 한국에서는 택시 승강장(taxi station)이 있지만 미국에는 없으며, 택시가 많지 않은 곳에서는 전화로 택시를 불러야 합니다. 이때 Can I call a taxi?[Would you call a cab?]라고 말하세요.

SIGN ENGLISH

최근 우리나라에도 길 이름이 도입되어 주소 찾기가 훨씬 쉬워졌습니다. 거리 표지판은 사거리 같은 도로 중앙이나 건물에서 확인할 수 있으며, 길이 긴 경우에는 표지판에 방향과 건물의 번지가 함께 적혀 있어 편리합니다. 이름과 함께 다양한 방법으로 길을 명시할 수 있는데 Street, Avenue, Boulevard 외에 Lane, Court, Drive, Circle, Parkway, Square 등으로도 표기합니다. 미국의 경우 고유명을 붙인 길도 있지만 5th Avenue처럼 숫자로 표기된 길도 많이 있습니다.

Short Dialogues

A I'm looking for the National Gallery.

B Go down for two blocks. You'll pass many stores and a bank.

A 국립 미술관을 찾고 있습니다. B 두 블록 내려가세요. 많은 상점들과 은행을 지나게 될 거예요.

A Is it far from here?

B No, it's walking distance.

A 여기서 먼가요? B 아니요, 걸어갈 수 있는 거리예요.

A Could you tell me the way to the Plaza Hotel?

B Sorry, I have no idea.

A 플라자 호텔에 가는 길 좀 알려 주시겠어요? B 죄송하지만, 모르겠네요.

A Is there a post office near here?

B Yes, it's just around the corner. Let me take you there.

A 이 근처에 우체국이 있나요? B 네, 바로 모퉁이 근처예요. 그곳까지 데려다 드릴게요.

A I'm lost. Where am I? Can you show me where I am on this map?

B Let me see. You are here on 11th Avenue.

A 길을 잃었어요. 여기가 어디인가요? 이 지도상에서 제가 어디에 있는지 알려 주시겠어요? B 어디 봅시다. 여기 11번가에 있네요.

A Where is the nearest bus stop?

B It's on Kingston Avenue. Walk up this street for one block and turn right.

A 가장 가까운 버스 정류장은 어디인가요? B 킹스톤가에 있어요. 이 길로 한 블록 걸어가서 우회전하세요.

A Could you tell me the way to the Crown Hotel? Crown.

B There is no hotel by that name.

A 크라운 호텔에 가는 길을 알려 주시겠어요? 크라운 호텔이요. B 그런 이름의 호텔은 없는데요.

A Where does this street lead to?

B It leads to the subway station.

A 이 길로 가면 뭐가 나오나요? B 전철역이 나올 거예요.

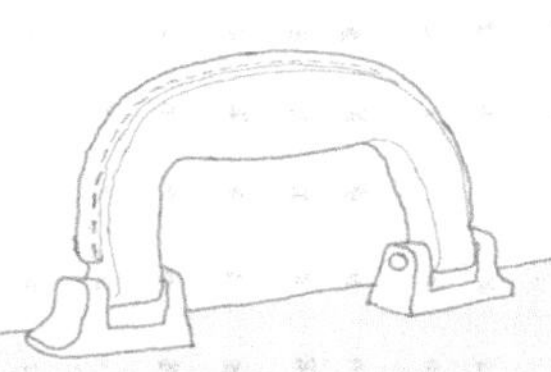

Travel Tips

대부분의 유럽 주요 도시에서는 도보 여행만으로도 충분히 관광이 가능합니다. 하지만 아무 계획 없이 무작정 걷다 보면 금세 지치게 되죠. 자신이 가려고 하는 곳과 현재 서 있는 곳의 길 이름이 동일하다 하더라도 거리가 어느 정도인지 먼저 확인하는 것이 좋습니다. 도로명이 쓰여 있는 표지판을 보면서 건물의 위치가 어느 정도에 있는지, 방향에 따라 번지가 높아지는지 또는 낮아지는지 먼저 확인해야 시간과 노력을 줄일 수 있습니다.

길의 번지가 높아지는지 혹은 낮아지는지 알고 싶다면 "Are the house numbers going higher(or lower)?"라고 말하면 됩니다. 길은 잃은 경우 미국인들은 주유소에 가서 길을 묻곤 하는데, 주유소에는 각종 지도도 판매하고 있으니 이 점 참고하세요.

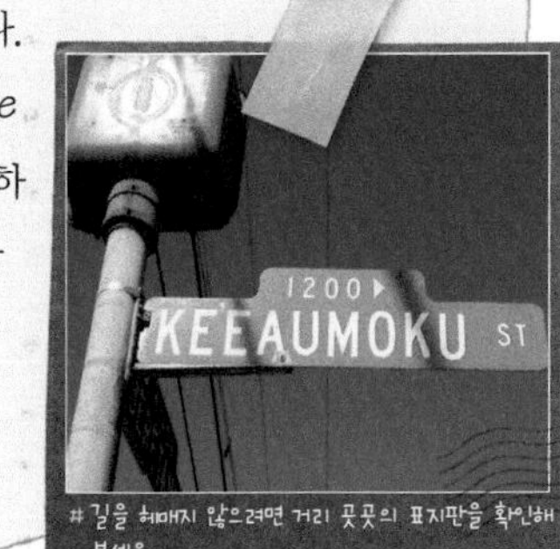

길을 헤매지 않으려면 거리 곳곳의 표지판을 확인해 보세요.

UNIT 05 대중교통 이용

도보 여행만으로는 정해진 짧은 시간 내에 많은 것을 보기가 힘들죠. 이제 대중교통을 이용해서 좀 더 효율적으로 여행을 해봅시다. 혼자 힘으로 모두 해보려다가 결국 길을 잃고 고생만 하게 됩니다. 자신감을 가지고 주변 사람들에게 물어서 목적지로 가는 길과 방향이 맞는지 물어봐야 불필요한 고생을 줄일 수 있겠죠.

KEY EXPRESSIONS

❶ **Where is ________?**
~이(가) 어디죠?

❷ **Where can I get ________?**
~을(를) 어디서 얻을 수 있나요?

REAL DIALOGUE

A **Excuse me. I'd like to go to Gas Town. Which bus goes there?**
실례합니다. 게스 타운에 가려고 하는데, 몇 번 버스가 거기에 가나요?

B **You can take bus number 4.**
4번 버스를 타세요.

A **Where is the bus station?**
버스 정류장이 어디죠?

B **It's on 5th Avenue. Go straight and turn left on the next block. It'll be on your right.**
5번가에 있어요. 직진하셔서 다음 블록에서 좌회전하세요. 오른편에 있어요.

A **Where can I get the timetable for the bus?**
버스 시간표를 어디서 얻을 수 있을까요?

B **You can probably get it at the information center.**
관광 안내소에서 받으실 수 있을 거예요.

A **Thanks.**
감사합니다.

□ **timetable** 시간표 □ **information center** 관광 안내소

Further Expressions

To Pine Street, please.
파인가로 가주세요.

Stop here, please.
= *Could you let me off here?*
= *Could you drop me off here?*
여기에서 세워 주세요.

Please stop at the next traffic light.
다음 신호등에서 세워 주세요.

Please drop me off at that corner.
저 모퉁이에서 세워 주세요.

Could you call me a taxi at 5 o'clock?
5시에 택시를 불러 주시겠어요?

What's the fare, please?
요금이 얼마인가요?

What is the minimum rate?
기본요금이 얼마인가요?

How long does it take to Stanley Park?
스탠리 공원까지 얼마나 걸리나요?

How much would it be to Space Needle?
스페이스 니들까지 요금이 얼마나 나오나요?

Can I put my luggage in the trunk?
트렁크에 짐 가방을 실어도 되나요?

Would you put my baggage in the trunk?
트렁크에 제 가방을 넣어 주시겠어요?

Would you unload my baggage from the trunk?
= *Please put my baggage in the trunk.*
트렁크에서 짐을 내려 주세요.

Keep the change, please.
잔돈은 가지세요.

Is there a bus to Olympic Stadium?
올림픽 경기장으로 가는 버스가 있나요?

Is this bus going to Covent Garden?
이 버스는 코번트 정원으로 가나요?

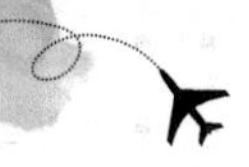

Where can I get a bus ticket?
버스표는 어디에서 사죠?

Excuse me, can I get off here?
죄송하지만, 여기에서 내려 주시겠어요?

Could you tell me when we get there?
거기에 도착하거든 제게 알려 주시겠어요?

What bus should I transfer to?
몇 번 버스로 갈아타야 하나요?

How much is it to Hollywood?
할리우드까지 요금이 얼마인가요?

How long does it take to Sydney Aquarium?
시드니 수족관으로 가려면 얼마나 걸리나요?

How many stops are there before Joyce Station?
조이스역까지는 몇 정거장이 남았나요?

Where should I get off?
어디서 내려야 하나요?

[❶]Transfer, please.
환승권을 주세요.

Can I have three days [❷]travel pass?
3일 여행권을 살 수 있을까요?

❶ 일부 도시에서는 승차 시 발권받은 영수증을 제시하거나 환승권을 받으면 1~2시간 이내에 다른 버스로 환승하는 경우 무료로 탑승할 수 있으니 미리 확인하세요.
❷ 영국, 호주 등에서는 일정 기간 동안 대중교통을 무한정 이용할 수 있는 travel pass가 있습니다. 여러 번 이용하는 경우 체류 기간에 따라 1일, 3일, 1주일권을 구입하면 비용을 줄일 수 있겠죠.

Is this train heading to London?
이 기차는 런던행인가요?

Which line goes to Kings Cross?
어떤 노선이 킹스 크로스로 가나요?

A one-way ticket, please.
편도표 1장 주세요.

Three round-trip tickets for adults, please.
어른용 왕복표 3장 주세요.

How often does the bus come?
버스는 몇 분마다 있나요?

When does the next train come?
다음 열차는 언제 오나요?

When does this train arrive at Liverpool?
이 열차는 리버풀에 언제 도착하나요?

What is the next station?
다음 정류장이 어디죠?

Can I sit here?
여기 앉아도 되나요?

Is this seat taken?
여기 자리 있나요?

Can I book a ticket for a sleeping car?
침대차 표를 예매할 수 있나요?

[1] Mind the gap.
= *Watch out for the gap.*
열차와 선로 사이를 조심하세요.

❶ 런던에서 tube[subway]를 타면 제일 먼저 듣게 되는 안내 방송입니다. 열차와 선로 사이 공간에 발이 끼거나 물건이 떨어지지 않도록 조심하세요.

- Can I cancel this ticket? 이 표를 취소해도 되나요?
- I'd like to get a refund on this ticket. 이 표를 환불받고 싶습니다.
- I'm lost. Could you help me? 길을 잃었는데, 도와주시겠어요?
- I missed my stop. 정거장을 놓쳤어요.
- I should have gotten off at Central Park, but I missed it.
센트럴 파크에서 내려야 했는데 지나쳤어요.
- Excuse me. I think this is my seat. 실례지만, 이 자리는 제 자리인 것 같은데요.
- Would you mind changing seats with me? 저와 자리 좀 바꿔 주시겠어요?
- I took the wrong bus. 버스를 잘못 탔어요.
- The bus is not coming on time. 버스가 제시간에 오지 않아요.

Further VOCABULARY

1 교통수단 종류

public transportation 대중교통
subway(英 tube, metro) 전철
underground 지하철
bus 버스
taxi[cab, [1]blackcab] 택시
train 기차
sea bus (캐나다) 수상버스
shuttle bus 셔틀버스
limousine 리무진
cable car 케이블카
[2]Amtrak(American travel on track) 암트랙
[3]greyhound(long distance bus) 장거리 버스

❶ 영국에서는 일반 택시를 blackcab이라고 부릅니다. 런던에서는 복잡한 길의 이름을 모두 알아야 택시 운전사 자격증을 받을 수 있기 때문에 택시 운전사들의 자부심은 대단하다고 할 수 있습니다.

❷ 암트랙은 전 미국의 주요 도시를 연결하는 열차입니다. 샌디에이고~샌프란시스코를 잇는 노선은 아름다운 해변가를 따라 운행하는 노선으로 많은 여행객이 선호합니다.

❸ greyhound는 미국과 호주에서 운행하는 장거리 버스입니다.

2 택시

taxi fare 택시 요금
taximeter 택시미터
front seat 앞자리
rear[back] seat 뒷자리
passenger seat 조수석
driving[driver's] seat 운전석
taxi driver 택시 운전사
receipt 영수증
[1]extra charge 추가 요금
bill 지폐
taxi stand 택시 정류장
take a taxi 택시를 타다
in a hurry[rush] 급히
get to ~에 도착하다

❶ 일부 도시에서는 운전사가 큰 짐을 실어주는 경우에는 가방 개수에 따라 추가 요금을 받습니다. 또한 영국이나 미국에서는 택시 기사에게 15~20%의 팁을 내야 합니다. 손님들 스스로 팁을 내기도 하지만 어떤 운전사의 경우에는 팁을 포함하여 요금을 요구하거도 합니다.

3 버스

bus stop 버스 정거장
bus fare 버스 요금
passenger 승객
bus driver 버스 운전사
travel pass 여행권
last stop 종점
double decker bus 2층 버스
luggage compartment 짐칸
departure time 출발 시각
arrival time 도착 시간
change 거스름돈
coin 동전
bill 지폐
bike rack 자전거 고정대

via ~을 경유해서
bus schedule 버스 시간표
next stop 다음 정거장
get on 타다
cross the street 길을 건너다

downtown 시내
bus route map 버스 노선도
go by 지나가다
get off 내리다
last bus 막차

4 지하철, 기차

subway station 전철역
one-way ticket 편도표
reserve[book] 예약하다
line 노선
turnstile 개찰구
ticket machine 표 판매기
dining car 식당차
vending machine 자판기
Cash Only 현금만 가능

express train 급행열차
round-trip ticket 왕복표
subway map 전철 노선표
transfer 환승하다
platform 선로
newspaper stand[kiosk] 신문가판대
sleeping car 침대차
valid 유효한, 효력 있는
receipt 영수증

SIGN ENGLISH

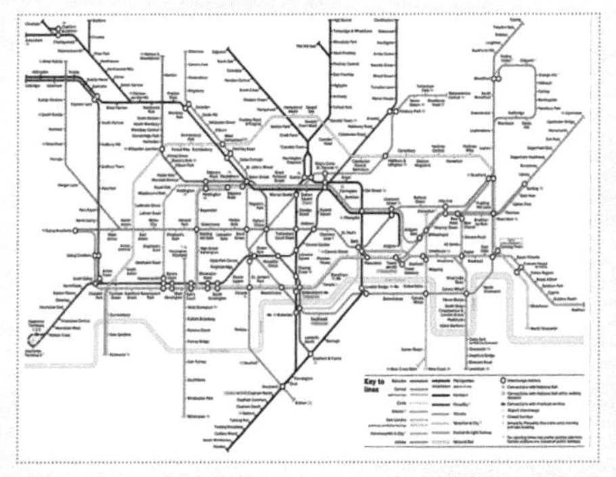

런던의 지하철은 subway라 하지 않고 tube라고 부릅니다. 우리나라보다 노선이 훨씬 더 복잡하므로 노선명을 확인한 후에 탑승해야 합니다. 또한 우리나라에서는 각 역에 지하철의 목적지가 명시되어 있어 열차 진행 방향을 명시하지만, 영국에서는 동서남북 방향으로 열차의 방향을 알려줍니다. 예를 들어, 영국의 Piccadilly Line의 경우 North와 South로 방향을 나타내므로, 환승할 경우 노선표를 참고하여 방향을 미리 확인하면 실수 없이 여행할 수 있습니다. 노선표의 방향은 일반적인 지도를 보는 것처럼 위쪽이 북쪽, 오른쪽이 동쪽입니다.

A How much is the bus fare?
B It's 1 dollar and 20 cents.
A 버스 요금은 얼마인가요? B 1달러 20센트입니다.

A Where should I transfer to go to the British Museum?
B Get off at the next stop and transfer to bus number 56.
A 대영 박물관에 가려면 어디에서 갈아타야 하나요? B 다음 정거장에서 내리셔서 56번 버스로 갈아타세요.

A Would you let me know when we get to Macy's?
B OK. I'll let you know.
A 메이시 백화점에 도착하면 알려 주시겠어요? B 네, 알려드리죠.

A I'd like to book a ticket. Two tickets to LA, please.
B When do you want to travel?
A 표 예약을 하고 싶은데, 로스앤젤레스행 표 두 장 주세요. B 언제로 예약해 드릴까요?

A Where is the nearest subway station?
B It's at the corner of Queens Street.
A 가장 가까운 전철역이 어디인가요? B 퀸스가 모퉁이에 있어요.

A How many stops are there before Long Beach?
B Let me see. Three more stations.
A 롱비치에 가려면 몇 정거장을 더 가야 하나요? B 잠시만요. 3정거장이네요.

A Can I have a round-trip ticket to Seattle, please?
B 15 dollars, please.
A 시애틀행 왕복표를 주시겠어요? B 15달러입니다.

A Can I have a one-day pass?
B Here you are.
A 1일권을 살 수 있을까요? B 여기 있습니다.

A Take me to this address, please. How long would it take?
B It's quite far. It would take around forty minutes.
A 이 주소로 가주세요. 얼마나 걸릴까요? B 꽤 먼 곳인데요. 40분 정도 걸리겠네요.

A How much is the fare?

B It's 45 pounds including a tip.

A 요금은 얼마죠? B 팁을 포함해서 45파운드입니다.

외국에서는 택시를 이용할 때 운전사에게 팁을 줍니다. 영국 택시의 경우에는 요금을 부과하는 미터기에 팁이 자동으로 더해지도록 되어 있어 이를 합한 요금을 지불하면 됩니다.

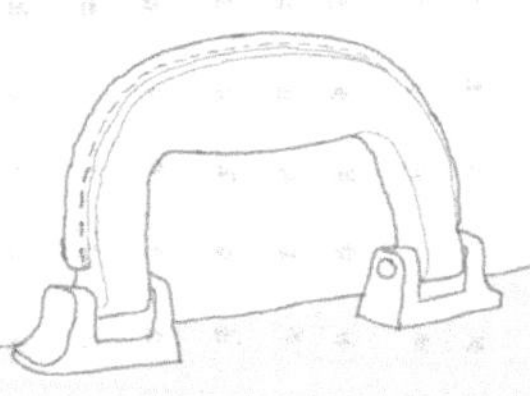

Travel Tips

유럽에서는

여성 혼자 여행하는 배낭여행족들을 쉽게 만나게 됩니다. 일부 국가들을 제외한 대부분의 유럽에서는 비교적 치안이 안전하여 대중교통을 이용해도 위험성이 낮은 편입니다. 하지만 미국에서는 대부분의 거주자들이 자가용을 이용하기 때문에 대중교통이 자주 운행되지 않아 늦은 시간에 혼자 여행하는 것은 위험할 수 있습니다. 저녁 8시 이후에는 반드시 시간표를 확인하고 이동하도록 하며, 야경을 보기 위해 이동한다면 주변 여행객들과 함께 가는 것이 좋습니다. 택시는 보통 안전한 운행 수단이지만 공식적으로 운행되지 않는 개인이 운영하는 콜택시 정도의 개념인 *cab*은 운전사의 자질이 검증되지 않았기 때문에 항상 안전하지만은 않습니다. 그러니 택시를 이용할 때는 정식으로 허가를 받고 영업하는 택시를 이용하세요. 또한 대중교통의 막차 시간을 알고 싶다면, "When is the last bus?" 또는 "When does the last bus come in this station?"과 같이 물으면 됩니다.

야경을 보거나 늦은 밤에 관광하기 전에 반드시 미리 막차 시간을 확인하세요.

UNIT 06 렌터카 대여, 주유, 주차

대부분의 도시는 대중교통만으로도 여행이 가능하지만, 여행하는 나라의 문화와 자연을 좀 더 체험하고자 한다면 차를 빌려서 곳곳을 돌아보는 것이 좋습니다. 차를 빌릴 때는 여권, 국제 운전면허증, 신용 카드가 필요합니다. 또한 사고 발생에 대비하여 보험을 드는 것이 좋아요.

KEY EXPRESSIONS

❶ What kind of car size would you like
어떤 크기의 차를 원하시나요?

❷ How long will
얼마나 사용하실 건가요?

REAL DIALOGUE

A **Hello. I'd like to rent a car.**
안녕하세요. 차를 빌리고 싶은데요.

B **What kind of car size would you like?**
어떤 크기의 차를 원하시나요?

A **May I see the rate list? I'd like to rent a compact car.**
가격표를 볼 수 있나요? 소형차를 렌트하고 싶은데요.

B **How long will you be using it for?**
얼마나 사용하실 건가요?

A **For a week.**
일주일이요.

B **It's $279 a week including a full coverage insurance.**
종합 보험을 포함하여 일주일에 279달러입니다.

A **Can I check out the car now?**
지금 차를 볼 수 있나요?

B **Sure.**
물론이죠.

□ rate list 가격표 □ full coverage insurance 종합 보험

Further Expressions

I'm here to rent a car.
= *I'd like to rent a car.*
자동차를 빌리러 왔는데요.

Would you show me your driver's license?
운전면허증을 보여 주시겠어요?

What kind of car do you want?
= *What sort of car would you like to rent?*
= *What type of car are you interested in?*
어떤 차종을 원하시나요?

I want something economical.
좀 저렴한 차가 좋겠어요.

I want a midsized car.
중형차를 원합니다.

How much do you charge per day?
하루에 얼마죠?

It's $39 a day.
하루에 39달러입니다.

How many days would you like it for?
얼마나 쓰실 겁니까?

I'd like to rent a car for 5 days.
차를 5일 동안 빌리고 싶습니다.

Where do you want to return the car?
차를 어디에서 반납하시겠어요?

May I return the car at the airport?
차를 공항에서 반납해도 되나요?

Does this rate include insurance?
이 요금에 보험료가 포함되어 있나요?

How do you want to pay?
지불을 어떻게 하시겠어요?

Should I fill the gas tank when I return the car?
= *Do I have to fill the gas tank when I'm done?*
자동차 반납 시 기름을 채워야 하나요?

When should I return the car?
몇 시까지 차를 반납해야 하나요?

Do you charge extra for a late return?
그 이후에 반납하면 추가 요금을 내나요?

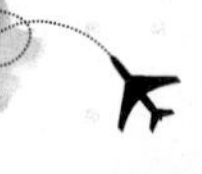

I've almost run out of gas.
휘발유가 거의 바닥났어요.

Fill it up, please.
가득 채워 주세요.

Twenty dollars, please.
20달러치 채워 주세요.

30 dollars for pump six.
6번 펌프에 30달러요.

Regular or unleaded?
보통 휘발유로 하시겠어요, 무연 휘발유로 하시겠어요?

Unleaded, please.
무연 휘발유요.

Would you show[tell] me the way to Chinatown?
차이나타운로 가는 길을 알려 주시겠어요?

Make a U-turn here.
여기에서 유턴하세요.

Where is the nearest gas station around here?
이 근처에서 가장 가까운 주유소가 어디에 있나요?

Is there a gas station nearby?
근처에 주유소가 있나요?

Where can I find self service gas stations around here?
여기 근처에 셀프 주유소가 어디에 있나요?

Where should I park?
어디에 주차해야 하나요?

Is there a parking lot near here?
이 근처에 주차장이 있나요?

Is this parking lot free or charged?
이 주차장은 무료인가요, 돈을 내야 하나요?

How much is the rate an hour?
한 시간에 요금이 얼마인가요?

Is valet parking available?
= *Could you park for me?*
대리 주차가 가능한가요?

Can we park our car at this parking meter?
이 주차 요금 징수기에 주차해도 되나요?

❶ Stop
일단 멈춤

No Right Turn
우회전 금지

No Left Turn
좌회전 금지

Do Not Enter
진입 금지

❷ Pedestrian Crossing
보행자 건널목

Slippery When Wet
우천 시 미끄러움

No U-Turn
유턴 금지

One-Way (Traffic)
일방통행

Merging Traffic
교통 합류 지점

Speed Limit 55
최고 속도 55마일

No Parking Anytime
주차 금지

Road Closed Ahead
전방 도로 폐쇄

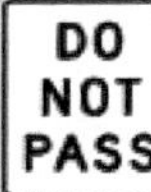

Do Not Pass
통행 금지

Walk
건너시오

Don't Walk
멈추시오

❶ 사거리나 건널목 앞에서 일반적으로 볼 수 있는 표지판입니다. 이 표지판이 보이면 반드시 완전히 멈추었다가 출발해야 합니다. 사거리에서는 먼저 멈추었던 차량의 순서대로 다시 출발하면 됩니다.

❷ 표지판 외에 건널목을 지나는 도로에는 바닥에 Crossing 또는 X-ing이라고 적혀 있어요. X를 Cross라고 말하기 때문에 이렇게 간단히 표시합니다.

위기 탈출 Expressions

- This car is broken. 이 차가 고장 났어요.
- I have a flat tire. 자동차 바퀴가 펑크 났어요.
- How much will it cost to repair it? 수리하는 데 비용이 얼마나 들까요?
- I need a tow truck. 견인차가 필요해요.
- I got a ticket for illegal parking. 불법 주차 딱지를 떼였어요.
- I have to pay a fine for speeding. 속도위반으로 벌금을 물어야 해요.

Further VOCABULARY

1 렌트

rental car[rent-a-car] 렌터카
rent a car 차를 빌리다
daily rate 하루 요금
special offer 특별 요금
full coverage (insurance) 종합 보험
tax 세금
navigational system 내비게이션
child toddler seat 아동용 카시트
pick-up 차량 대여
infant car seat[child safety seat] 영유아 카시트
(international) driver's license (국제) 운전면허증
rental fee 대여료
deposit 보증금
weekly rate 주당 요금
drop charge 반환 요금(대여와 반납 장소가 다를 경우)
auto insurance 차량 보험
unlimited mile 거리 무제한 요금
date of return (자동차) 반납일
estimated total 예상 총액
drop-off 차량 반납

2 자동차

economy[compact] car 소형차
midsized car 중형차
premium car 고급형
4-WD(Four-Wheel Drive) SUV 4륜구동
convertible 오픈카
subcompact 서브콤팩트카(콤팩트보다 소형)
hood 보닛
low gear 엔진 브레이크
rearview mirror 백미러
side mirror 사이드 미러
license plate 번호판
bumper 범퍼
door handle 문손잡이
brake 브레이크
wiper 와이퍼
heater 히터(난방 장치)
automatic transmission 자동 변속기
standard car 표준형차
full sized car 대형차
minivan 미니밴
sports car 스포츠카
jeep 지프차
seat belt 안전벨트
radio 라디오
turning signal 방향 지시등
wind shield (자동차) 앞쪽 유리
horn 자동차 경적
headlight 전조등
tire 타이어
trunk 트렁크
visor 선바이저
air conditioning 에어컨
gearshift 변속 기어(기어 전환 장치)
stick transmission[shift] 수동 변속기

3 운전

parking lot 주차장
parking space indicator 주차 공간 표시
time remaining 잔여 시간
press 누르다
gasoline(英 petrol) 휘발유
car accident 자동차 사고
school zone 어린이 보호 구역
crosswalk 횡단보도
parking meter 주차 요금기
road sign 도로 표지
vehicle 차량
parking fee 주차 요금
Quarters Only 쿼터만 가능
time limit 제한 시간
select 선택하다
gas[petrol] station 주유소
repair 수리하다
school bus 학교 버스
pedestrian 보행자
valet parking 대리 주차
traffic light 신호등

SIGN ENGLISH

미국이나 캐나다처럼 인건비가 비싼 국가에서는 주차비를 징수하는 사람을 따로 두지 않고 대부분 옆에 사진과 같은 주차 미터기를 설치해 놓습니다. 주차를 원하는 시간에 맞게 동전을 넣으면 주차 가능한 시간이 나타납니다. 주차 시간이 끝난 후에도 계속 주차를 해 놓으면 불법으로 간주됩니다. 또한 시간을 잘못 계산해서 주차비를 충분히 넣지 않으면 견인될 수 있으니, 이 점을 주의해야 합니다. 관광을 하고 난 후 차가 없어졌다면 정말 황당하겠죠? 우리나라처럼 차가 주차된 곳의 바닥에 견인해 갔다는 티켓이 붙어 있는 경우도 있고, 추가 금액을 납부하기 전에는 차를 움직일 수 없도록 바퀴에 자물쇠를 채워 놓기도 합니다. 견인된 경우라면 남겨진 문구를 잘 읽어 보고 견인된 곳으로 차를 찾으러 가야 하는데, 이 경우 견인된 시간부터 시간당으로 요금이 추가되니 가능한 한 빨리 찾으러 가야 합니다.

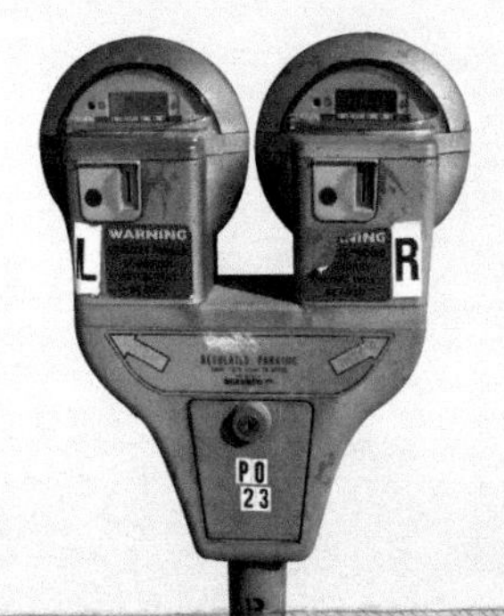

Short Dialogues

A What kind of car do you want?

B I'd like an automatic.

A 어떤 종류의 차를 원하시나요? B 자동 변속기 차량으로 하고 싶어요.

A May I see your driver's license, please?

B Here you are.

A 운전면허증을 보여 주시겠어요? B 여기 있습니다.

A Do you want to pay by credit card?

B Yes, please.

A 신용 카드로 지불하시겠어요? B 네.

A How much is the deposit?

B It's $50.

A 보증금은 얼마인가요? B 50달러입니다.

A Do you want an insurance?

B I'd like a full coverage.

A 보험에 가입하시겠어요? B 종합 보험으로 하겠습니다.

A Can I drop it off in Paris?

B Yes, but you have to pay $30 more. Would it be okay?

A 파리에서 반납할 수 있나요? B 네, 하지만 30달러를 더 지불하셔야 하는데, 괜찮으시겠어요?

A Is there a gas station around here?

B Make a left turn and you can't miss it.

A 이 근처에 주유소가 있나요? B 좌회전하시면 쉽게 찾으실 수 있을 거예요.

A Where is the parking lot?

B You can park in the basement.

A 주차장이 어디 있나요? B 지하에 주차하시면 됩니다.

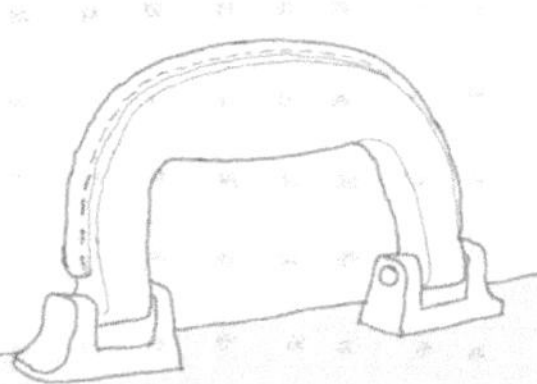

Travel Tips

미국에서 주유할 때는

주유기에 부착되어 있는 기계를 통해 현금 및 신용 카드를 이용하는 방법과 직접 주유소 상점에 들어가 돈을 지불하고 주유하는 방법이 있습니다. 미국에서 직접 신용 카드를 이용해 주유할 때는 신용 카드에 등록된 우편 번호(*zip code*)를 입력하라고 요구하는 경우가 있습니다. 국내에서 발급된 신용 카드는 사용할 수 없으니 직접 카운터로 가서 주유기 번호와 주유할 금액을 말하면 됩니다. 이때 차문은 반드시 잠근 뒤 카운터로 이동해야 차량 도난을 막을 수 있습니다. 기계를 통해 현금 및 신용 카드로 연료비를 결제하는 과정에서 각종 문제가 발생하기도 하므로 신용 카드로 계산할 때 주의하세요.

미국에서 셀프 주유를 하거나 결제 시 차문을 반드시 잠그고 이동해야 해요.

셀프 주유소에서 결제할 때 볼 수 있는 기계예요.

꼭 알아 두어야 할 운전 상식

미국

스쿨버스(School Bus)

미국의 어린 학생들은 스쿨버스를 이용하여 등하교를 많이 합니다. 스쿨버스는 보호를 받아야 하니 만약 본인 앞에서 스쿨버스가 천천히 간다 하더라도 절대 추월해서는 안 됩니다. 학생들이 내릴 때 버스는 정차하게 되며 버스 앞뒤로 STOP 표지판이 자동으로 켜지게 됩니다. 지루하더라도 아이들이 모두 내린 후에 출발해야 합니다. 만약 무시하고 스쿨버스를 추월해 간다면 버스 운전사나 주변 목격자들이 차량 번호를 적어 경찰에 알리기도 하므로, 벌금도 내야 하고 법원까지 가야 할 상황을 초래할 수도 있으니 주의해야 합니다.

카풀(Car-Full)

고속 도로를 달리다 보면 1차로에 카풀 차선이 있습니다. 카풀 차선은 차선을 변경할 수 없는 흰색 선과 노란색, 검정색 선으로 표시되어 있으며 이 선을 들락날락하거나 차량 탑승객이 2명 미만일 경우에는 벌금이 부과됩니다.

STOP 표지판

미국 시내 도로에는 우리나라와는 달리 STOP 표지판이 많이 있습니다. 미국에서 STOP 표지판은 매우 중요하며, 이를 어겼을 시 벌금이 부과되므로 주의해야 합니다. STOP 표지판에서는 완전히 멈춘 후 좌우에 차가 오는지 확인한 뒤에 출발하면 됩니다. 신호등이 없는 사거리(4-Way Stop)에서는 무조건 정지하고 방향에 관계없이 먼저 온 차가 먼저 지나가게 되어 있습니다.

견인 지역

주차 금지 지역에 주차를 했을 경우, 견인차가 와서 차량을 견인해 갑니다. 견인해 간 경우에는 주차한 장소 바닥에 견인을 알리는 티켓이 붙어 있습니다.

도로명

보통 표지판에는 도로의 줄임말로 표기되어 있습니다. St., Dr, Blvd, Rd, FWY 등이 있는데, 이는 각각 Street, Drive, Boulevard(대로), Road, Freeway(고속 도로)를 의미합니다.

미국의 스쿨버스

주차 금지 표지판

뉴욕 시 거리 표지판

무인 주차기

셀프 주유소 휘발유 가격 표시

주차

미국이나 캐나다에서는 무인 주차기가 거리 곳곳에 설치되어 있습니다. 주차 벌금은 한국보다 비싸고 철저히 부과하기 때문에 반드시 무인 주차기를 이용해서 주차해야 합니다. 무인 주차기는 필요한 시간만큼 미리 동전을 넣어 주차하도록 되어 있습니다. 또한 무인 주차 외에 길거리 주차 시 도로 연석의 색깔에 따라 주차 가능 여부를 알 수 있습니다. 보통 초록색으로 되어 있는 연석에서는 주차가 가능하며, 흰색 글씨로 가능한 시간이 표시되어 있습니다. 또한 빨간색 연석은 주차 금지를 나타내므로 주차를 하면 안 됩니다.

주유

미국에서 주유하는 방법 중에는 주유기에 부착되어 있는 기계를 통해 현금 및 신용 카드를 이용하는 방법과 직접 주유소 상점 안에 들어가 돈을 지불하고 주유하는 방법이 있습니다. 최근에는 기계를 통해 현금 및 신용 카드로 연료비를 결제하는 과정에서 각종 문제가 발생하는 경우가 많이 발생하여, 직접 주유소 상점에 현금을 지불하고 주유하는 방법이 더 안전한 편입니다. 먼저 주유할 곳에 주차를 하고 주유기 번호를 확인한 후에 상점으로 들어가서 펌프 번호와 주유 금액을 말해서 지불하면 됩니다. 상점으로 들어갈 경우 반드시 차문을 잠가 놓아야 차량 도난이나 분실을 막을 수 있습니다.

긴급 차량 대처법

미국에서 운전하면서 반드시 지켜야 하는 것 중의 하나가 긴급 차량 대처법입니다. 미국에서는 사이렌이나 경적을 울리는 긴급 차량에 대해서는 무조건 오른쪽으로 길을 비켜 주고 정차해야 합니다. 반대편 차선도 마찬가지로 오른쪽으로 길을 비켜 줘야 합니다.

차선

호주는 운전대가 우리나라와 달리 오른쪽에 있고, 차선도 반대편이기 때문에 운전에 각별히 주의해야 합니다. 역주행을 하지 않도록 차선을 반드시 확인하세요. 호주는 야생 동물이 도로에 자주 출현하기 때문에 야간 운전 시 더 주의해야 합니다.

라운드어바웃(Roundabout)

'라운드어바웃'이라고 불리는 교차로에서는 속도를 낮추고 오른쪽 차량에 우선권을 주어야 합니다. '라운드어바웃'에 들어서면 일단 정지하고 오른쪽 차량이 먼저 진입한 이후에 차량이 오는지 확인한 후 출발하면 됩니다.

CHAPTER 3

Talk Talk

호텔 이용

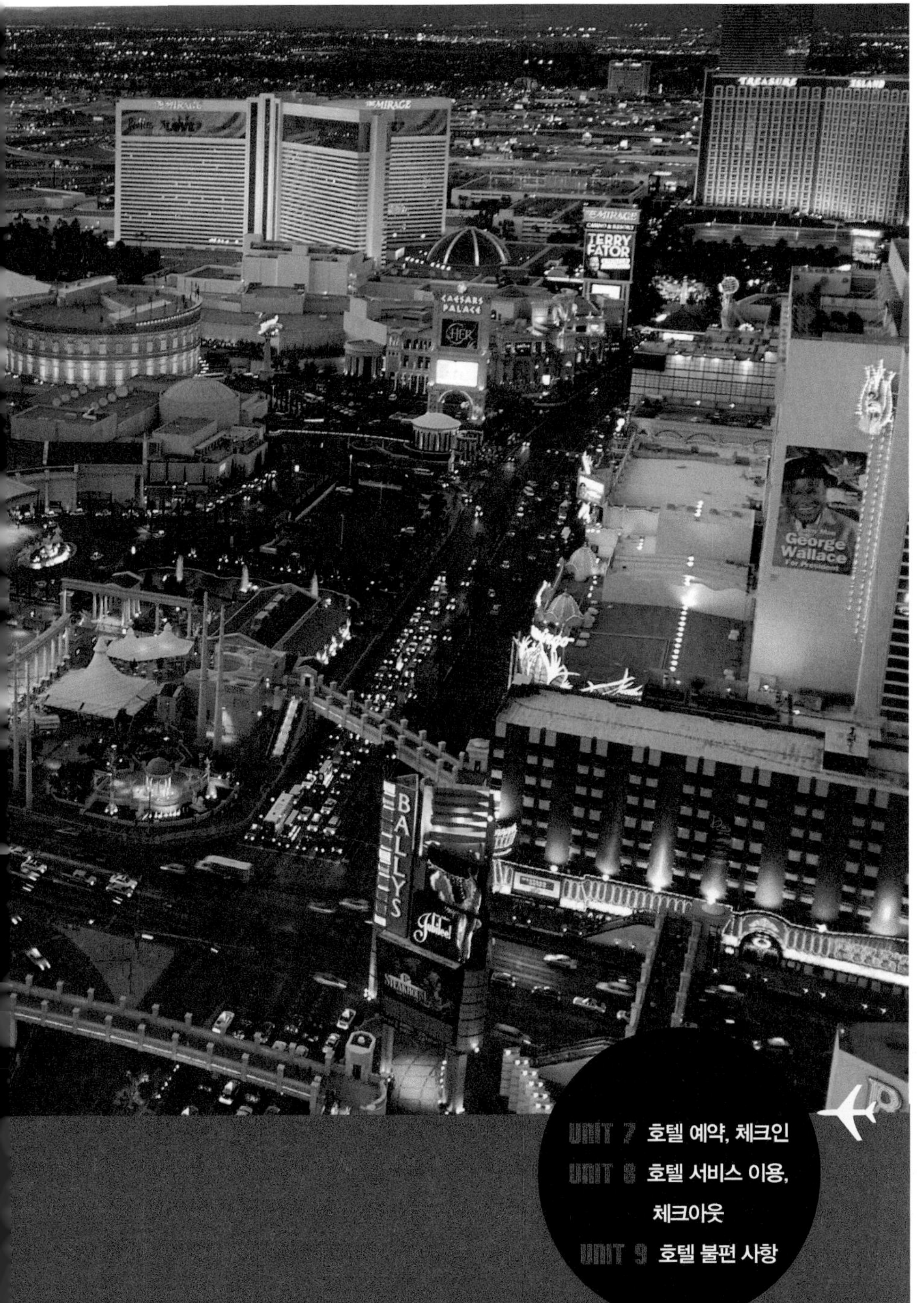

UNIT 7 호텔 예약, 체크인

UNIT 8 호텔 서비스 이용, 체크아웃

UNIT 9 호텔 불편 사항

UNIT 07 호텔 예약, 체크인

여행을 시작하기 전에 미리 호텔을 예약해 두면 좀 더 저렴한 비용으로 숙박할 수 있습니다. 또한 예약 시 호텔 주소와 전화번호를 적어 두면 공항에서 쉽게 찾아갈 수 있습니다. 일반적으로 호텔의 체크아웃은 12시, 체크인 시간은 2시 혹은 3시이므로 너무 일찍 도착했다면 호텔 접수처에서 짐 보관 서비스를 요청하세요.

KEY EXPRESSIONS

❶ **Do you have a reservation?**
예약하셨나요?

❷ **We require** [illegible].
~이(가) 필요합니다.

REAL DIALOGUE

A **Welcome to the Hilton Hotel. May I help you?**
힐튼 호텔에 오신 것을 환영합니다. 무엇을 도와드릴까요?

B **I'd like a room for two, please.**
2인실 부탁합니다.

A **Do you have a reservation?**
예약하셨나요?

B **Yes, it's under the name of Hye-jin, Lee.**
네, 이혜진이라는 이름으로 했어요.

A **May I see your passport?**
여권 좀 보여 주시겠어요?

B **Sure, and this is the confirmation.**
그럼요. 그리고 이것은 예약 확인서예요.

A **Thanks. We require your credit card number for a deposit.**
감사합니다. 보증금으로 손님의 신용 카드 번호가 필요합니다.

□ **confirmation** 확인서 □ **deposit** 보증금

Further Expressions

I'd like to make a reservation for two nights starting Jan. 12th.
1월 12일부터 이틀을 예약하고 싶은데요.

Would you give me your passport and the hotel voucher?
여권과 호텔 바우처를 보여 주시겠어요?

Do you have any rooms available?
= *Is there any vacancy?*
= *Is there a room available?*
= *Are there any rooms left?*
빈방이 있나요?

We have no vacancies.
빈방이 없어요.

We're fully booked.
예약이 다 찼어요.

Would you like a single or a double?
1인실로 하시겠어요, 2인실로 하시겠어요?

I'd like a double, please.
2인실로 주세요.

I'd like to book a room facing the ocean.
바다가 보이는 방을 예약하고 싶어요.

How many nights would you like to stay?
며칠 묵으실 건가요?

Just tonight.
오늘 밤 하루만요.

How much is it per night?
하루에 얼마죠?

Are there any cheaper rooms?
더 싼 방은 없나요?

Do you have a special offer?
특별 판매하는 것이 있나요?

Is breakfast included?
아침 식사가 포함되어 있나요?

When is the check-out time?
= *What time do we check out?*
체크아웃은 몇 시인가요?

Can you tell me your address and phone number?
주소와 전화번호를 알려 주시겠어요?

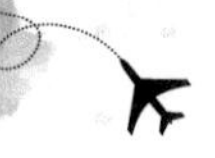

Do you accept credit cards?
신용 카드로 결제할 수 있나요?

You should put down 50 dollars as a deposit.
보증금으로 50달러를 내셔야 합니다.

20 dollars will be charged for an extra bed.
1인 추가 시 20달러를 (추가로) 내셔야 합니다.

What's the expiration date?
(카드의) 유효 기간은 언제입니까?

This credit card will expire in 2012.
이 신용 카드는 2012년에 만기네요.

I'd like to check in, please.
체크인하고 싶어요.

I made a reservation.
= *I have a reservation.*
예약했어요.

May I have your name, please?
성함을 알려 주시겠어요?

Could you spell that, please?
철자가 어떻게 되나요?

Please fill out this form.
이 양식을 작성해 주세요.

Would you like to put down the deposit on your credit card?
신용 카드로 보증금을 지불하시겠습니까?

How should I pay?
지불은 어떻게 해야 하나요?

Here's your room key.
방 열쇠 여기 있습니다.

That room 405 is on the fourth floor.
405호 방은 4층입니다.

Do you have a bed available?
숙박이 가능하나요?

Do you have a membership card?
멤버십 카드가 있으세요?

Where is the kitchen?
부엌이 어디인가요?

Can I cook for myself?
요리할 수 있나요?

Where is the locker?
(잠글 수 있는) 사물함은 어디에 있나요?

Where is the shower room?
샤워실은 어디에 있나요?

Can I borrow an adapter?
어댑터를 빌릴 수 있을까요?

Do you keep the valuables?
귀중품은 보관 가능한가요?

Can I have extra towels?
여분의 타월 좀 주시겠어요?

Is there Internet access here?
인터넷 접속이 가능한가요?

- This is not the room which I reserved. I booked the room that has an ocean view. 이 방은 제가 예약한 방이 아닌데요. 바다가 보이는 방을 예약했어요.
- Will you take care of my luggage? 짐 좀 맡아 주시겠어요?
- My airplane is delayed. Would it be OK to arrive around 10? 비행기가 연착되었는데, 10시경에 도착해도 되나요?
- I have another friend with me. 동행인이 한 명 더 있어요.
- Would you help me carry this luggage? 짐 운반을 도와주시겠어요?
- I lost the confirmation. 확인증을 잃어버렸어요.
- I lost the room key. 방 열쇠를 잃어버렸어요.

Further VOCABULARY

1 체크인, 체크아웃

front[reception] desk 접수처
lobby (호텔) 로비
room rate 객실료
check-in 입실 수속
check-out 퇴실 수속
form 양식
deposit 보증금
room key 방 열쇠
room number 방 번호
service charge 봉사료
tax 세금
hotel voucher 호텔 바우처
bellboy 벨보이
2 nights 2박
❶special offer 특별 요금
third night free 3일 숙박 시 1일 무료
peak season 성수기
off-season 비수기
guest 손님
bill 청구서

❶ 각 호텔마다 기간에 따른 특별 요금이나 패키지 요금을 진행하는 경우가 많으니, 예약 전에 반드시 물어보시기 바랍니다. Do you have a special offer?라고 말하면 됩니다.

2 호텔 및 호텔 객실의 종류

accommodation 숙박 시설
residential hotel 거주용 호텔
youth hostel 유스 호스텔
inn 여관
guest house 고급 하숙집, 여관
motel 모텔
bed-and-breakfast(B&B) hotel 숙박 및 아침 식사를 제공해 주는 호텔
single room 1인용 객실
twin[double] room 2인용 객실
twin-bedded room 1인용 침대가 2개인 방
triple room 3인용 객실
suite 스위트 룸(침실과 거실이 별도로 되어 있는 객실)
honeymoon suite 허니문 스위트 룸
❶efficiency 아파트 형태의 방(간단한 주방 설비가 되어 있는 객실)
penthouse 펜트하우스(가장 위층에 있는 호화스러운 객실)
city view 도시 전망
ocean view 바다 전망

❶ 가족 단위 여행의 경우 직접 요리하고 싶다면 간단한 취사 시설이 갖추어져 있는 콘도 형태의 efficiency apartment에서의 숙박을 추천합니다.

3 유스 호스텔

4-bedded dorm 4인이 함께 쓰는 방
room for male 남자 방
membership card 멤버십 카드
non-smoking room 금연 방
shower room 샤워실
beds per room 방의 침대 개수
room for female 여자 방
discounted member price 회원 할인가
bed sheet 침대 시트
kitchen 부엌

세계 어느 곳이든 인터넷 사이트를 이용하여 자신이 원하는 가격과 시설의 호텔을 예약할 수 있습니다. 요즘 가장 많이 이용하는 사이트 중 하나가 바로 엑스페디아(www.expedia.com)입니다. 여행하려는 도시와 목적지, 체류 일정을 입력하면 호텔 등급에 따라 가격과 위치를 확인할 수 있습니다. 전 세계에서 이용하는 사이트이기 때문에, 다양한 사람들의 이용 후기도 읽어볼 수 있고 호텔 이용 만족도도 확인할 수 있습니다. 일정에 따라 특별 요금을 제공하기도 하고, 미리 예약하면 추가 할인 혜택도 있습니다. Expedia 전화번호의 알파벳 부분은 전화기 다이얼에 있는 알파벳을 보면서 누르면 됩니다. e는 3번, x는 9번, 이런 식으로 이해하면 됩니다. Expedia 메일 창에서 보이는 단어들을 정리했습니다.

Vacation Package 휴가 패키지여행
Deals & Offers 특가 상품
No Fees 수수료 없음
Cruise 유람선 여행
Itinerary 여행 일정
Activities 활동

Short Dialogues

A May I have your name, please?
B Alvin, Cho.
A 성함이 어떻게 되세요? B 앨빈 조입니다.

A How do you spell your last name?
B C-H-O.
A 성의 철자가 어떻게 되나요? B C, H, O입니다.

A How many are in your party?
B Just two.
A 일행이 몇 분이신가요? B 두 명입니다.

A How many nights would you like to stay?
B Just tonight.
A 몇 박 하실 건가요? B 오늘 밤만요.

A How will you be paying?
= *How would you like to pay for your room?*
B Is Visa OK?
A That'll be fine.
A 지불은 어떻게 하시겠어요? B 비자가 되나요? A 네.

A How long are you staying?
B I'm staying for three nights.
A 얼마나 머무르실 겁니까? B 3박을 하려고요.

A I'd like to reserve for Feb. 2nd and 3rd.
B What kind of room would you like to have?
A I'd like a single room, please.
A 2월 2일과 3일을 예약하려고 합니다. B 어떤 종류의 방을 원하시나요? A 싱글 룸으로 주세요.

A Do you have any rooms available?

= *Do you have any vacancy?*

B No, we're full now.

A 빈방이 있나요? B 아니요. 예약이 모두 찼습니다.

A Does the room have two beds?

B You can choose to have two single beds or one twin bed.

A 그 방에는 침대가 2개 있나요? B 1인용 침대 2개나 2인용 침대 1개로 선택하실 수 있어요.

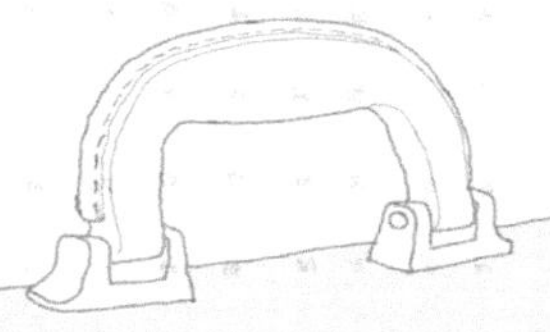

Cultural Tips

배낭여행객의 대부분은

유스 호스텔이나 B&B, Backpackers Hostels와 같은 저렴한 숙박 시설을 이용하게 됩니다. 특히 유럽처럼 숙박비가 비싼 곳에서는 유스 호스텔을 많이 찾게 되는데, 성수기에는 빈방을 찾는 일이 매우 어려우니 다음 여행지로 이동하기 전에 반드시 미리 예약을 해야 합니다. 그 외에도 여성 여행자의 경우 여자들만 사용하는 방을 원한다면 예약이나 체크인할 때 "Women only"라고 이야기하면 됩니다. mixed room의 경우 남녀를 구분하지 않으므로 함께 쓰기 불편할 수도 있습니다. 암스테르담에 갔을 때 열 명이 함께 사용하는 방에서 어떤 남자가 잠을 자고 있는 모습에 놀란 적이 있는데, 아마 유럽은 이런 숙박 문화가 익숙한가 봅니다.

성수기에 여행 시 유스 호스텔을 이용하려면 반드시 미리 예약을 해야해요.

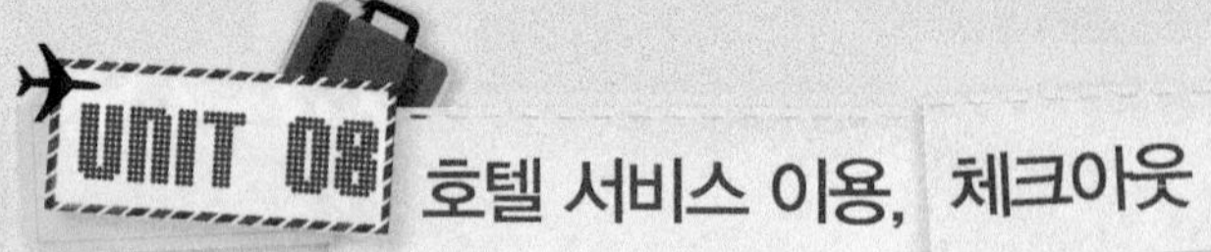

UNIT 08 호텔 서비스 이용, 체크아웃

해외로 여행할 때 가장 비용이 많이 드는 부분이 항공료와 숙박료입니다. 호텔에는 생각보다 다양한 서비스를 제공하는 경우가 많은데, 모르고 그냥 지나치면 억울하겠죠? 이제부터 호텔에서 제공하는 서비스를 200% 이용해 봅시다.

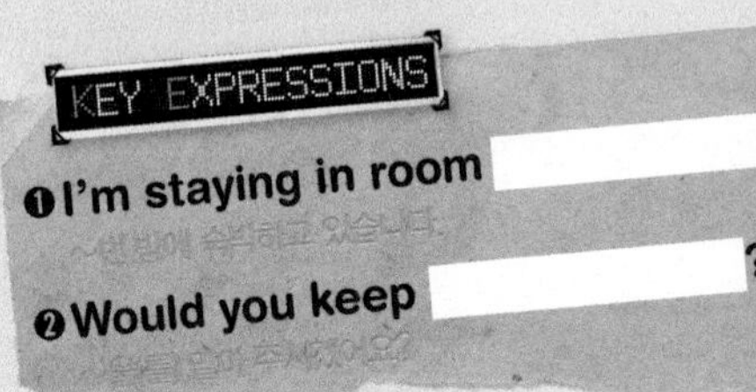

KEY EXPRESSIONS
❶ I'm staying in room
❷ Would you keep ?

REAL DIALOGUE

A **Excuse me. I'm staying in room 1517. Can I leave my valuables here?**
실례합니다. 1517호에 묵고 있는데, 이곳에 귀중품을 맡길 수 있을까요?

B **Sure. Would you show me your room key and passport?**
네, 방 열쇠와 여권을 보여 주시겠어요?

A **Do you charge for this?**
돈을 내야 하나요?

B **No, it's free.**
아니요, 무료입니다.

A **That's good. Would you keep this in the safety box?**
좋아요. 이 물건을 금고에 넣어 주시겠어요?

B **When are you going to pick them up?**
언제 찾아가시겠어요?

A **Maybe, two days later.**
이틀 후쯤요.

□ **valuables** 귀중품　□ **safety box** 금고

Further Expressions

This is a voucher for the free breakfast.
이건 아침 식사 무료 쿠폰입니다.

Where should I go for breakfast?
아침 식사는 어디에서 하나요?

Is the breakfast set out buffet?
= *Do you serve buffet for breakfast?*
아침 식사는 뷔페로 제공하나요?

When do you serve breakfast until?
아침 식사는 언제까지 제공하나요?

What's your room number, please?
몇 번 방이신가요?

I'm staying in 1508.
1508호예요.

Would you like to have coffee or tea?
= *Coffee or tea?*
커피와 차 중에 무엇을 드릴까요?

Would you like to have orange juice or apple juice?
오렌지 주스와 사과 주스 중 무엇을 드릴까요?

Would you like to have a fried egg or boiled egg?
계란 프라이로 해드릴까요, 삶은 계란으로 드릴까요?

달걀 요리의 형태는 이밖에도 sunnyside up egg(한쪽만 익힌 달걀 반숙 프라이), over easy egg(노른자가 익기 전 양쪽을 살짝 익힌 달걀 프라이), scrambled egg(달걀을 휘저어 만든 스크램블 에그)와 같은 표현이 있습니다.

I'm allergic to milk. Can I have soy milk?
우유 알레르기가 있는데, 두유는 있나요?

Can I have a spoon?
숟가락 좀 가져다 주시겠어요?

Can I have more cereal?
시리얼이 더 있나요?

Would you bring me the salt and pepper?
소금과 후추를 주시겠어요?

Can I have more water?
물 좀 더 주시겠어요?

Would you clean up the table?
식탁 좀 치워 주세요.

2
서비스 이용

Can I get a wake-up call at 7 tomorrow?
= *I'd like to ask you for a wake-up call at 7 tomorrow.*
= *Give me a wake-up call at 7 tomorrow, please.*
내일 7시에 모닝콜이 가능하나요?

Do you have a pick-up service from the airport?
공항에서 픽업 서비스 가능한가요?

I'd like to take a taxi. Would you call for me?
택시를 이용하고 싶은데, 불러 주시겠어요?

What would be charged extra?
추가 요금이 부과되는 것은 무엇인가요?

I'd like to have room service.
= *May I have room service, please?*
룸서비스 부탁합니다.

Do you have any brochures[leaflets] for sightseeing in the downtown area?
시내 관광 안내 책자가 있나요?

Watching movies will be charged extra.
영화 관람은 추가로 요금이 부과됩니다.

Can I have more towels, please?
= *I need more towels, please.*
타월을 더 주세요.

Would you bring me shampoo and soap?
샴푸와 비누를 가져다 주시겠어요?

I'd like to make a reservation for a massage.
마사지 예약을 하고 싶은데요.

Where is the swimming pool?
수영장이 어디에 있나요?

When does the swimming pool close?
몇 시까지 수영장을 이용할 수 있나요?

Where can I get beach towels?
비치 타월은 어디에서 받을 수 있나요?

Where is the restroom?
화장실이 어디에 있나요?

Can I have my key?
열쇠를 주시겠어요?

Can you dry-clean this suit by tomorrow morning, please?
이 양복을 내일 오전까지 드라이클리닝해 주시겠어요?

I'd like to check out.
체크아웃하고 싶은데요.

What time should I check out?
몇 시에 체크아웃해야 하나요?

Before 12 o'clock, you need to check out.
12시 전에 체크아웃하셔야 합니다.

Would you keep my baggage here?
= *Can I leave my baggage here?*
짐 좀 보관해 주시겠어요?

Please check it and sign here.
확인 후 서명해 주세요.

Return the room key, please.
방 열쇠를 반납해 주세요.

I'd like to stay another day.
하룻밤 더 묵고 싶은데요.

I will need the room for a few more days.
며칠 더 묵으려고 합니다.

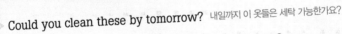

- **Could you clean these by tomorrow?** 내일까지 이 옷들은 세탁 가능한가요?
- **I'm late for the plane. Would you call a cab for me?**
  비행기 시간에 늦었어요. 택시 좀 불러 주시겠어요?
- **What's the password for the Internet?** 인터넷 비밀 번호가 뭔가요?
- **Do not disturb.** 방해하지 마시오.
  몸이 좋지 않아 호텔에서 쉬고 싶거나 방 청소를 원하지 않는다면 방 문 앞에 사인을 걸어 놓으세요.

Further VOCABULARY

1 식사

breakfast 아침 식사
beverage 음료
coffee 커피
tea[black tea] 홍차
apple juice 사과 주스
skim milk 저지방 우유
fizzy water 소다수, 탄산수
fried egg 계란 프라이
scrambled egg 에그 스크램블
bacon 베이컨
seafood 해산물
spice 향신료
[2]continental breakfast 유럽 대륙식 조반
drink 음료
spring water 생수
green tea 녹차
orange juice 오렌지 주스
milk 우유
soy milk 두유
soda 탄산음료
boiled egg 삶은 계란
bread 빵
cereal 시리얼
seasoning 양념, 조미료
[1]English breakfast 영국식 조반
buffet 뷔페

❶ 영국 B&B(Bed & Breakfast)에서 제공하는 아침 식사로 베이컨과 계란, 오븐에 약간 구운 토마토와 버섯이 주재료입니다.

❷ 토스트나 빵과 간단한 음료가 준비되는 아침 식사입니다.

2 호텔 시설

rollaway bed 이동식 침대
wireless Internet access 무선 인터넷
swimming pool 수영장
currency exchange 환전소
[1]fitness center 휘트니스 센터
restaurant 식당
parking lot 주차장
banquet 연회장
souvenir shop 기념품 가게
high-speed Internet 초고속 인터넷
air conditioning 에어컨
conference room 회의실
safe-deposit box 금고
ATM 현금 자동 지급기
bar 바(술집)
elevator[lift] 엘리베이터
gift shop 선물 가게

❶ 고급 호텔의 경우 fitness center와 swimming pool을 무료로 이용할 수 있으며, 비치 타월이나 스노클링 장비를 대여해 주는 곳도 많이 있으니 호텔 접수처에서 확인하세요.

3 호텔 체크아웃

extra charge 추가 요금
[1]room key 방 열쇠
keep 맡기다, 보관하다
complimentary[free] 무료의
deposit 보증금
baggage[luggage] 짐 가방
minibar (호텔 객실 등의) 주류 상비용 냉장고
return 반납하다

❶ 요즘 숙박 시설에서는 일반 열쇠보다 카드 열쇠를 사용하는 경우가 많은데, 퇴실 시 반납하지 않으면 추가로 약 10불 이상의 요금이 부과되니 잃어버리지 않도록 주의하세요.

SIGN ENGLISH

호텔에서 체크인할 때 보증금으로 신용 카드 번호를 알려 주어야 하는 경우도 있습니다. 보증금은 체크아웃을 할 때까지 미리 예치하는 것이므로, 추가 서비스를 이용하지 않았다면 요금이 부과되지 않고 돌려받을 수 있습니다. 하지만 호텔 서비스를 이용한 경우에는 그 비용만큼 차감됩니다. 호텔에 따라 첫 번째 제공되는 생수는 무료인 경우도 있으니, 체크인할 때 미리 확인한 후 마시는 게 좋습니다. 또한 여행지에 도착해서 일정을 확정하거나 예약을 하기 위해 시내 전화를 사용하는 경우가 생기게 됩니다. 공중전화를 찾기도 힘들고 호텔 방에서 사용하는 전화는 대부분 요금이 부과됩니다. 호텔에 따라 접수처에서 5분 이내의 시내 전화라면 무료로 사용할 수 있으니 문의해 보는 게 좋습니다.

Short Dialogues

A Where can I make a phone call?

B It's at the corner in the waiting room.

A 어디에서 전화를 할 수 있나요? B 대기실 모퉁이에 전화기가 있어요.

A Hello. This is Ralph. May I help you?

B Room service, please.

A 여보세요. 랠프입니다. 무엇을 도와드릴까요? B 룸서비스 부탁합니다.

A Would you keep this in the safety box?

B Certainly. How long will you keep it here for?

A 이걸 금고에 보관해 주시겠어요? B 물론이죠. 얼마 동안 맡기실 건가요?

A Can I change money here?

B Sorry, sir. There is a bank next to the hotel.

A 여기서 환전할 수 있나요? B 죄송합니다. 호텔 옆에 은행이 있습니다.

A I'm staying in 1108. Can I have laundry service?

B Sure. Wait a minute.

A 1108호에 묵고 있는데, 세탁 서비스를 이용할 수 있나요? B 물론입니다. 잠시 기다려 주세요.

A What time does the breakfast start?

B It's from 6 to 9 a.m.

A 아침은 몇 시부터 먹을 수 있나요? B 오전 6시부터 9시까지입니다.

A I'm staying here, but I lost the free breakfast voucher.

B No problem. What is your room number?

A 여기 숙박하고 있는데, 아침 식사 무료 쿠폰을 잃어버렸어요. B 괜찮습니다. 몇 번 방에 숙박하십니까?

A Would you bring me more towels?

B OK. Wait a second.

A 타월을 좀 더 가져다 주시겠어요? B 네, 잠시 기다리세요.

A Do you have a swimming pool?

B Sure. It's on the 8th floor.

A 수영장이 있나요? B 네, 8층에 있습니다.

A Do you have fitness equipment?

B Yes, it's on the 2nd floor. It's free for the customers.

A 피트니스 시설이 있나요? B 네, 2층에 있습니다. 숙박하시는 분들에게 무료로 제공합니다.

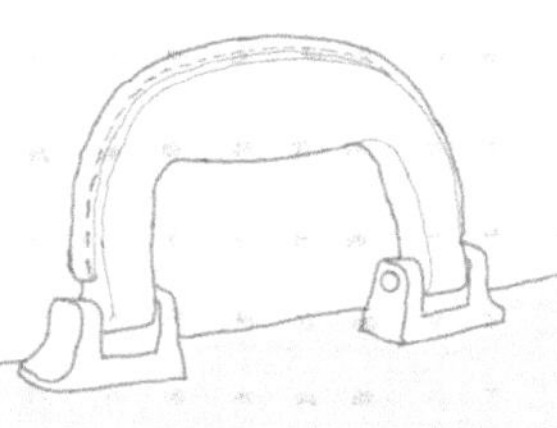

Cultural Tips

Cheesecake Factory는

미국에서 볼 수 있는 패밀리 레스토랑입니다. 다양한 종류의 치즈 케이크를 맛볼 수 있어 현지인들에게도 인기가 높습니다. 식당을 포함한 여러 곳에서 팁을 주는 문화가 미국이나 캐나다 등에서는 보편적이며 당연하게 여겨지겠지만, 우리에게는 아직도 낯설고 추가 비용이 드는 것 같습니다. 그래서인지 미국의 일부 음식점에서는 팁을 잘 주지 않는 동양인들에게 15% 정도의 팁을 미리 부과하여 계산서를 주는 경우도 있다고 합니다. 음식점의 경우 15%~20% 정도를 주는 것이 보편적인데, 현금이라면 계산할 때 포함하고 신용 카드로 계산하는 경우에는 팁을 얼마나 줄지 명시하여 팁이 포함된 총 금액을 지불하면 됩니다. 공항 셔틀버스나 픽업 서비스를 제공받는 경우에도 약 2~3달러를 주는 것이 보편적입니다. 호텔에서 숙박할 경우 잘 보이는 곳에 2~3달러 정도를 두고 가는 것이 예의이니, 팁으로 1달러 지폐를 미리 챙겨 두는 것이 좋습니다.

200여 가지가 넘는 메뉴가 있는 Cheesecake Factory에 들러 다양한 음식을 맛보세요.

UNIT 09 호텔 불편 사항

아무리 준비를 철저히 한다고 해도 현지에 가보면 예기치 못한 상황이 발생하게 됩니다. 이런 상황에서 여행지에서 만난 한국인 여행객들이 영어 때문에 불편을 감수한 경우가 많았습니다. 이제 더 이상 참지 말고 불편 사항을 당당히, 하지만 예의를 지키면서 이야기해 보세요.

KEY EXPRESSIONS

❶ **The room is too ________.**
방이 너무 ~해요.

❷ **________ doesn't work.**

REAL DIALOGUE

A **Excuse me. I'm staying in room 503. I have a problem.**
실례합니다. 503호에 투숙하고 있는데, 문제가 있어요.

B **What's the matter, ma'am?**
무엇이 문제인가요?

A **The room is too hot. The air conditioner doesn't work.**
방이 너무 더워요. 에어컨이 고장이에요.

B **I'm sorry about that. Would you give me a second? I will send a manager soon.**
죄송합니다. 잠시만 기다려 주시겠어요? 곧 매니저를 보내도록 하겠습니다.

A **I got it.**
알겠습니다.

□ **work** 작동하다

Further Expressions

Would you change the sheets?
= *Change the sheets, please.*
시트를 바꿔 주세요.

I want more pillows.
베개를 더 주세요.

Would you bring me more soap?
비누를 더 가져다 주시겠어요?

I'd like to have more shampoo and conditioner.
샴푸와 린스를 더 주세요.

The carpet is messy.
= *The carpet is dirty.*
카펫이 더러워요.

Only empty the garbage bin, please.
쓰레기통만 비워 주세요.

The TV doesn't work.
= *The TV is broken.*
TV가 고장이에요.

There's something wrong with the air conditioner.
= *The air conditioner isn't working.*
에어컨이 고장 났어요.

How do I turn on the light?
전등은 어떻게 켜나요?

How can I control the temperature in the room?
실내 온도를 어떻게 조절해야 하나요?

It's too cold here.
= *I'm freezing.*
여긴 너무 추워요.

The room next door is very noisy.
옆방이 매우 시끄러워요.

I'd like to change my room.
방을 바꾸고 싶은데요.

I'll arrange another room for you.
다른 방을 배정해 드리겠습니다.

Extra blanket, please.
= *Would you bring me an extra blanket?*
= *Can I have another blanket, please?*
담요를 더 주세요.

Could I have a blow dryer?
헤어드라이어 좀 주시겠어요?

Could I borrow an iron?
다리미를 빌릴 수 있나요?

I haven't got my laundry back.
세탁물을 돌려받지 못했어요.

I ordered food an hour ago.
1시간 전에 음식을 주문했어요.

The water in the bathtub won't drain.
욕조 배수구에 물이 빠지지 않아요.

No hot water available.
뜨거운 물이 나오지 않아요.

The tap in the bathroom keeps dripping.
욕조 수도꼭지에서 물이 계속 떨어져요.

The toilet won't flush.
변기에 물이 내려가지 않아요.

The floor is too slippery.
바닥이 너무 미끄러워요.

The room is very dirty. Could you clean it up now?
방이 매우 더러운데, 지금 청소 좀 해주시겠어요?

Fix it, please.
그것 좀 고쳐 주세요.

My key doesn't work.
열쇠가 열리지 않아요.

The vending machine doesn't work.
자판기가 고장이에요.

Hello. It's room service. How can I help you?
안녕하세요. 룸서비스입니다. 무엇을 도와드릴까요?

I'd like a wake-up call at 6 a.m.
오전 6시에 모닝콜 좀 부탁드릴게요.

Please make up my room.
방을 좀 청소해 주세요.

Could you get someone to help me with my baggage?
제 짐 가방 좀 나르게 사람 좀 불러 주시겠어요?

Please connect me to room 1004.
1004호실로 연결해 주세요.

Throw the towel in the bathtub.
(사용한) 수건은 욕조 안에 두세요.

Breakfast is available from 6 to 9.
아침 식사는 6시에서 9시까지 이용 가능합니다.

Do not disturb.
방해하지 마세요.

Wait here.
이곳에서 기다리세요.

Valet Parking
대리 주차

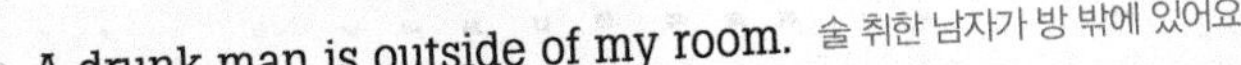

» A drunk man is outside of my room. 술 취한 남자가 방 밖에 있어요.

» I broke a glass. 유리컵을 깨뜨렸어요.

» I locked myself out. (방에) 열쇠를 두고 잠갔어요.

» I left the room key in my room. 방에 열쇠를 두고 왔어요.

» I lost my purse in the room. 방에서 지갑을 잃어버렸어요.

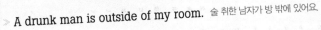

Further VOCABULARY

1 호텔 객실

bed sheet 침대 시트
lamp 전등
heater 히터
slippers 슬리퍼
carpet 카펫
dresser 화장대
clothes hanger 옷걸이
telephone 전화기
minibar 미니바
pillow 베개
coffee pot 커피포트
refrigerator 냉장고
floor 바닥
remote control 리모컨
closet 옷장
quilt 이불
curtain 커튼
TV set 텔레비전

2 욕실

toilet 변기
drain 배수구
towel 수건
mat 매트
shampoo 샴푸
toothpaste 치약
tap[faucet] 수도꼭지
sanitary napkin 생리대
empty 비우다
litter 쓰레기
take a shower 샤워하다
disposable shaver 일회용 면도기
comb 빗
bathtub 욕조
sink 세면대
bath towel 목욕 수건
soap 비누
conditioner 린스
toothbrush 칫솔
shower curtain 샤워 커튼
toilet paper 화장지
garbage bin[trash can] 쓰레기통
take a bath 목욕하다
shower ball 샤워볼
blow dryer[hair dryer] 헤어드라이기

3 서비스

front desk 접수처
pick-up service 픽업 서비스
laundry service 세탁 서비스
❷massage & spa 마사지와 스파
personal locker 개인용 사물함
wake-up call 모닝콜
room service 룸서비스
❶mail service 우편 서비스
international call 국제 전화

❶ 호텔에 따라 접수처에서 우표를 판매하는 경우가 있으니 문의해 보세요.

❷ 마사지와 스파의 경우 대부분 24시간 이전에 예약해야 이용 가능합니다.

다음은 대부분의 호텔에서 볼 수 있는 안내서입니다.

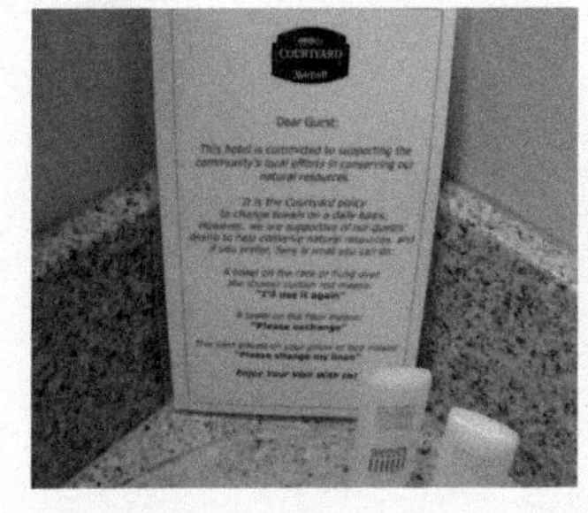

Dear Guest,

This hotel is committed to supporting the community's local efforts in conserving our natural resources. It is the courtyard policy to change towels on a daily basis. However, we are supportive of our guests' desire to help conserve natural resources, and if you prefer, here is what you can do. A towel on the rack or hang over the shower curtain rod means "I'll use it again." A towel on the floor means "Please exchange." This card placed on your pillow or bed means "Please change my linen." Enjoy your visit with us.

호텔 서비스에는 수건과 그 외 필요한 물품을 매일 새로 제공하는 것이 원칙이지만, 환경을 고려하여 다시 사용하고 싶은 경우에는 그 점을 알려 달라는 문구입니다. 수건을 새로 교체해 주기 원할 경우에만 욕실 바닥이나 욕조에 사용한 수건을 두면 되고, 다시 사용하기를 원한다면 타워걸이나 샤워 커튼봉에 올려놓으면 됩니다. 또한 침대 시트와 베개를 교체하고 싶다면 안내서를 그 위에 올려놓으면 됩니다.

Short Dialogues

A Hello. Can I have more towels?

B Sure. Wait a minute.

A 여보세요. 수건 좀 더 주시겠어요? B 네, 잠시 기다려 주세요.

A Excuse me. Would you fix the lamp in my room?

B OK. Would you wait for a moment?

A 실례합니다. 방에 전등을 고쳐 주시겠어요? B 네, 잠시만 기다려 주시겠어요?

A I've got a problem with the heater.

B Sorry. I'll check it out in a moment.

A 난방기에 문제가 있어요. B 죄송합니다. 곧 확인하겠습니다.

A The sheets are dirty.

B I'm so sorry. We'll get you new ones.

A 침대 시트가 더러워요. B 정말 죄송합니다. 새 것으로 바꾸어 드리겠습니다.

A Would you make up my room? It's still messy.

B I'm sorry. I'll check that out in a minute.

A 방 청소 좀 해주시겠어요? 여전히 지저분한데요. B 죄송합니다. 바로 확인하겠습니다.

A Hello. I'm staying on the 5th floor. It's too noisy outside.

B Sorry. I'll send a security to check out the place.

A 여보세요. 5층에 숙박하고 있는데, 밖이 너무 시끄럽습니다. B 죄송합니다. 경비원을 보내서 확인하겠습니다.

A Would you give me more tea bags?

B Sure. Here you are.

A 티백을 좀 더 주시겠어요? B 네, 여기 있어요.

A Can you just take the garbage bin and leave the towels?

B OK. Any other things?

= OK. Anything else?

A 쓰레기통만 비워 주시고 타월을 주시겠어요? B 네, 더 필요하신 게 있나요?

A When can I get my laundry back?

B What's your room number, please?

A 빨래를 언제 가져다 주시나요? B 방 번호가 어떻게 되시죠?

A This room key doesn't work.

B Can I see your passport, please?

A 이 방 열쇠가 고장이에요. B 여권을 보여 주시겠어요?

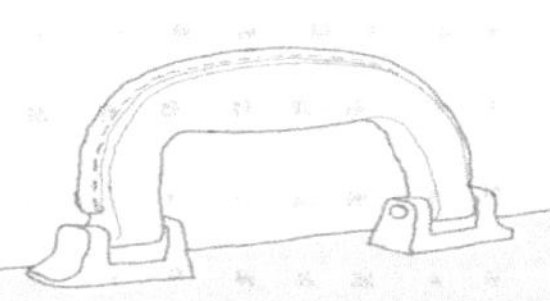

Travel Tips

해외의 욕실 대부분은

욕실 바닥에 배수구가 없으니 샤워할 때 주의를 해야 합니다. 마룻바닥인 경우도 있고 카펫을 깔아 놓은 경우도 있으니, 욕조 안쪽으로 샤워 커튼을 내려서 샤워하는 동안 물이 밖으로 튀지 않도록 주의하세요. 샤워를 마친 후에는 물기를 제거하고 밖으로 나와야 물이 바닥에 튀지 않습니다. 물이 너무 많이 튀거나 쏟을 경우, 방수에 문제가 생길 수 있으니 주의를 기울여야 합니다.

샤워할 때 샤워 커튼을 욕조 안쪽으로 넣어 주세요.

미국

라스베이거스 - Venetian Resort & Casino

라스베이거스의 중심가에는 도로를 따라 유명 대형 호텔이 위치해 있습니다. 그중 베네치안 리조트는 교통이 편리한 곳에 있으며, 객실이 넓고 샌드 엑스포와 켄벤션 센터까지 연결되어 있습니다. 4,049개의 객실 및 대형 카지노를 보유하고 있으며, 운하 쇼핑과 스파를 즐길 수 있습니다. 호텔 이름에서도 알 수 있듯이 이탈리아의 베니스를 주제로 한 시설물들을 이용할 수 있으며, 분수쇼로 유명한 벨라지오와 함께 라스베이거스를 대표하는 랜드 마크라고 할 수 있습니다.

라스베이거스 - Caesars Palace Las Vegas

세계적으로 유명한 카지노 리조트이며, 정원의 조각상과 분수가 인상적인 호텔입니다. 2,400개의 아름답고 웅장한 객실을 자랑하며, 각 객실마다 화려한 시설 외에도 유럽풍 대리석 욕실과 거실 및 책상과 냉장고 등을 갖추고 있습니다. 라스베이거스를 대표하는 호텔 중 하나이며, 첨단 영상으로 만들어진 지하 궁전(Forum) 등 상상 이상의 즐거움을 느낄 수 있습니다.

라스베이거스의 카이사르 호텔

하와이 - Moana Surfrider

1901년 와이키키 해변에 오픈했으며, 화려하고 독특한 하와이풍으로 장식된 객실과 아름다운 빅토리아식 건축 양식이 절묘하게 어우러져 있습니다. 총 791개의 객실에는 다이얼 업 인터넷 접속(유료), 커피포트, 냉장고 등의 편의시설이 갖추어져 투숙객이 편리하게 이용할 수 있습니다. 또한 레스토랑에는 하와이 전통 요리와 최고급 스테이크와 섬 특유의 싱싱한 해산물, 신선한 과일 등으로 해변을 바라보며 분위기 있는 즐거운 저녁 만찬을 즐길 수 있습니다. 쇼핑센터와 엔터테인먼트를 즐길 수 있는 중심가에 자리해 있어 관광객들이 선호하는 호텔입니다. 와이키키 해변에 위치하여 아름다운 석양도 감상할 수 있습니다.

라스베이거스의 카이사르 호텔

중국

베이징 - Pangu Plaza Hotel

베이징에 위치한 Pangu Plaza Hotel은 7성급 호텔로, 중국의 대표적인 랜드 마크입니다. 호텔의 외관은 400m 이상의 건물이 병풍처럼 들어서 있는 모습입니다. 창밖으로 올림픽 주경기장인 냐오차오를 한눈에 내려다볼 수 있으며, 최고급 실내 장식 마감재와 가구를 배치한 호화로운 호텔입니다.

홍콩 - Four Seasons Hong Kong

홍콩에서 새롭게 선보인 최고급 고품격 Four Seasons Hong Kong은 2005년에 홍콩 섬의 중심가인 센트럴에 홍콩의 새로운 랜드 마크가 된 호화로운 호텔입니다. 아침에는 로비 라운지에서 조식을 즐길 수 있고, 공항 환영과 왕복 벤츠 리무진 서비스 등의 서비스를 제공합니다. 객실 하나 당 평균 2.5명의 직원이 배정되어 있을 정도로 최상의 서비스를 경험할 수 있는 호텔입니다.

홍콩 - Peninsula Hong Kong

Peninsula Hong Kong은 1928년에 서비스를 시작하여, 80년의 역사와 전통을 자랑하는 호텔입니다. 300개의 호화로운 설비와 넓은 공간의 객실 및 스위트룸을 보유하고 있으며, 유럽과 동양의 미를 조화시킨 인테리어가 특징입니다. 호텔과 홍콩 국제공항 간에 롤스로이스 리무진 서비스를 제공하며, 옥상에 위치한 헬리콥터 서비스도 이용할 수 있는 고품격 호텔입니다.

이탈리아 밀라노 - Town House Galleria

이탈리아 밀라노 중심부에 위치한 이 호텔은 28개의 객실 모두 스위트룸이며, 호텔에서 쓰인 모든 물품은 세계 최고의 명품만으로 갖추어져 있습니다. 1800년대 지어진 이 호텔은 유럽풍의 화려한 외관의 정교한 조각들과 아름다운 프레스코화가 조화를 이루며 화려함의 극치라고 할 수 있습니다. 호텔 객실은 이탈리아의 각 유명 인사를 테마로 한 인테리어 디자인으로도 유명합니다.

브루나이 Empire Hotel

동남아시아 북서해안 보르네오 섬 인근에 위치한 작은 나라이자 술탄(Sultan) 왕국인 브루나이는 과거 영국의 보호에 있었고, 제2차 세계 대전 때는 일본군의 점령에 있다가 1984년 1월에 독립한 신생국입니다. 관광 산업 유치를 위한 하나의 방법으로 원래 국왕이 거주하는 왕궁이자 국빈 접대용 장소였던 엠파이어 호텔을 일반 관광객들을 위한 시설로 변경해 사용하고 있습니다. 브루나이의 전통과 미를 느낄 수 있는 고급 호텔입니다.

아랍 에미리트 두바이 - Burj Al Arab

중동 경제의 허브인 두바이에는 세계 최고 수준의 고급 호텔이 많이 있습니다. 두바이에는 3성급과 4성급 호텔의 객실 수를 합한 것보다 5성급 이상의 특급 호텔 객실 수가 많다고 합니다. 그 중에도 두바이 하면 가장 먼저 떠오르는 호텔은 바로 7성급 호텔인 '버즈 알 아랍 호텔'입니다. 이 호텔은 인공 섬 위에 건설되었으며, 돛단배를 형상화한 외관의 호텔로 유명한 곳입니다. 단지 들어가서 구경만 하는 데도 비용을 지불해야 합니다.

두바이의 버즈 알 아랍 호텔

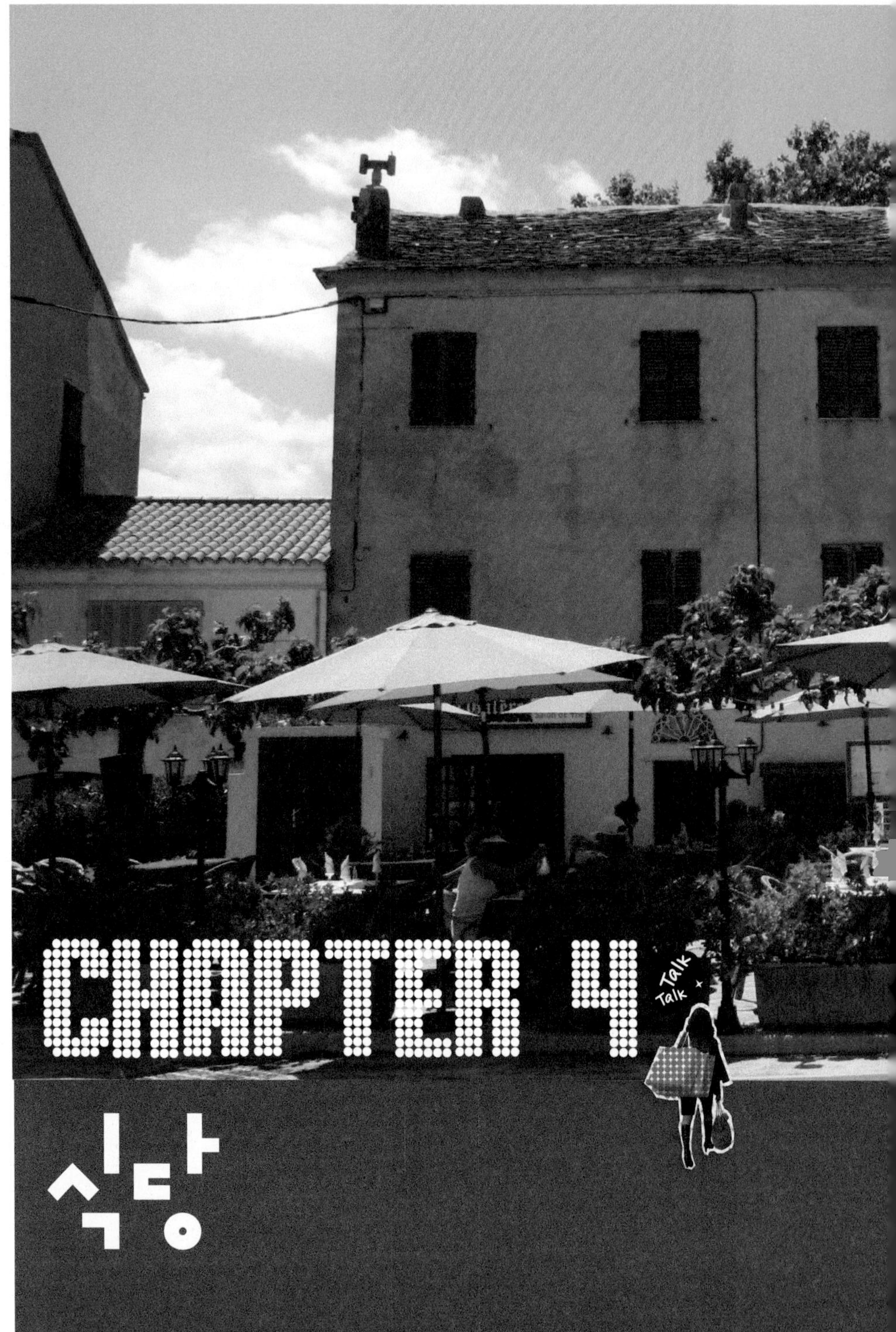
CHAPTER 4
Talk Talk
식당

UNIT 10 식당 찾기, 예약하기

UNIT 11 음식 주문, 계산

UNIT 12 패스트푸드점, 커피숍, 술집

UNIT 10 식당 찾기, 예약하기

맛있는 음식은 여행을 더 풍요롭게 만듭니다. 여행 책에서 소개하는 맛집이나 지역 주민들에게 인기 있는 식당의 경우, 예약을 하지 않고 가면 오래 기다려야 하거나 이용이 불가능한 경우가 많습니다. 전화로 간단히 예약하면 더욱 즐겁게 식사할 수 있겠죠.

KEY EXPRESSIONS
❶ Can I book a table for ?
❷ What time are you looking for?

REAL DIALOGUE

A **Can I book a table for** three tonight?
오늘 저녁에 세 사람 자리를 예약할 수 있나요?

B **What time are you looking for?**
몇 시로 해드릴까요?

A 7 o'clock, please.
7시요.

B Sorry. We're fully booked at that time. How about 8 o'clock?
죄송합니다만, 그 시간에는 예약이 다 찼습니다. 8시는 어떠세요?

A Sounds good.
좋아요.

B Can I have your name?
성함이 어떻게 되세요?

□ **book** 예약하다

Further Expressions

Can you recommend a good place for dinner?
= *Could you tell me where we can eat something special?*
저녁 식사할 만한 괜찮은 식당을 추천해 주시겠어요?

Is there a restaurant called Kashobu?
카쇼부라는 식당이 있나요?

I'm looking for a restaurant named Roy's.
로이라는 레스토랑을 찾고 있어요.

I'd like to go to Red Lobster.
레드 로브스터에 가고 싶어요.

Would you take me to Pacini restaurant on Long Beach?
롱비치에 파치니라는 레스토랑으로 데려다 주세요.

Is it far from here?
여기서 먼가요?

Is this restaurant near here?
이 식당이 여기에서 가까운가요?

Would you recommend an Italian restaurant?
이탈리아 음식점을 추천해 주시겠어요?

What food would you recommend in this restaurant?
이 식당에서 어떤 음식을 추천하시겠어요?

Are there any restaurants where I can try traditional food?
전통 음식을 먹을 수 있는 식당이 있나요?

Are there any restaurants for vegetarians?
채식인을 위한 식당이 있나요?

Are there any fancy restaurants in this area?
이 지역에 근사한 식당이 있나요?

Should we wear formal dress?
= *Do they have dress code?*
(그 식당은) 복장 규정이 있나요?

Would you like to have lunch together?
점심 식사 같이 하시겠어요?

What do you like to eat?
= *What do you want to have?*
무엇을 드시고 싶으세요?

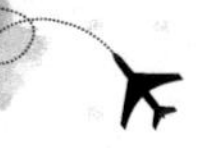

What's your favorite food?
좋아하는 음식이 뭐예요?

Let me treat you to dinner.
= Dinner is on me.
= I'll buy you a dinner.
제가 저녁 살게요.

The drinks are my treat.
술은 내가 살게.

Let's go Dutch.
각자 내죠.

I'd like to make a reservation for two people at 8 p.m. this evening.
= I'd like to book a table for two at 8 p.m. this evening.
오늘 저녁 8시에 두 사람 예약하고 싶어요.

How many will be in your party?
일행이 몇 분이십니까?

Is the reservation necessary?
= Should I reserve the table?
반드시 예약을 해야 하나요?

Can I book a table for four tonight?
오늘 저녁에 네 사람 자리를 예약할 수 있나요?

A table for three, please.
세 사람 자리를 예약해 주세요.

May I have your name?
= What's your name?
성함을 알려 주시겠어요?

How do you spell your last name?
손님 성의 철자가 어떻게 되세요?

Will you check out my reservation on the list?
목록에 예약이 되어 있는지 확인해 주시겠어요?

Do you have a reservation?
예약하셨나요?

We don't have a reservation.
예약하지 않았는데요.

We have a reservation.
예약했어요.

I have a reservation for tonight.
오늘 밤으로 예약했어요.

I have a reservation under the name of Jin.
진이라는 이름으로 예약했어요.

What days are you looking for?
날짜를 언제로 해드릴까요?

We are fully booked for tonight.
오늘 저녁은 예약이 꽉 찼어요.

I'd like to confirm the reservation.
예약 좀 확인하고 싶은데요.

Non-smoking table, please.
금연석으로 부탁합니다.

Would a table near the window be available?
창가 쪽 자리가 있나요?

I'd like a table by the window, please.
창가 쪽 자리로 주세요.

How long should I wait for the table?
얼마나 기다려야 하나요?

Would you prepare a seat for a child?
어린이용 의자를 하나 준비해 주시겠어요?

» I can't find the restaurant. Would you tell me the exact address?
식당을 찾을 수가 없네요. 정확한 주소를 알려 주시겠어요?

» Sorry, I can't find your reservation. 죄송합니다만, 손님의 예약을 찾을 수 없습니다.

» Would you show me your ID? 신분증을 보여 주시겠어요?

» I booked a table for two tonight. But I'm afraid we can't make it.
오늘 밤에 두 사람 자리를 예약했는데, 취소해야 할 것 같아요.

식당이나 술집에서 주류 주문 시 신분증을 요구하는 것이 일반적입니다. 나라에 따라 다르지만 한국에서 발행한 신분증도 유효하니 여권과 함께 항상 휴대하는 게 좋습니다.

Further VOCABULARY

1 음식점 종류

all-you-can-eat lunch(dinner) 뷔페식 점심(저녁)
restaurant for vegetarians 채식인을 위한 식당
fast food restaurant 패스트푸드점
cafeteria 카페테리아
salad bar 샐러드 바
snack bar (간단한 음식을 파는) 간이식당
traditional food 전통 음식
Chinese food 중국 음식
Greek food 그리스 음식
Italian food 이탈리아 음식
Malaysian food 말레이시아 음식
Mongolian food 몽골 음식
Spanish food 스페인 음식
drive-in restaurant 차를 탄 채 주문하는 식당
buffet 뷔페
dining room 식당
bistro 작은 식당, 선술집
Korean food 한국 음식
French food 프랑스 음식
Indian food 인도 음식
Japanese food 일본 음식
Mexican food 멕시코 음식
Thai food 타이 음식
Vietnamese food 베트남 음식

2 음식 종류

hamburger 햄버거
toast 토스트
fried rice 볶음밥
spaghetti 스파게티
noodle 국수
raw fish 생선회
salad 샐러드
soup 수프
sandwich 샌드위치
omelet 오믈렛
steamed rice 찐밥
pizza 피자
steak 스테이크
seafood 해산물
stew 스튜

3 예약

reserve[book, make a reservation] 예약하다
change one's reservation 예약을 변경하다
reservation 예약
confirm 확인하다
breakfast 아침 식사
lunch 점심 식사
supper 저녁 식사, 만찬
cancel 취소하다
reconfirm[double-check] 재확인하다
brunch 브런치
dinner 저녁 식사
menu 메뉴

speciality 전문 요리
meatless meal 고기가 안 나오는(없는) 식사
tomorrow 내일
seat 좌석(자리)
smoking section 흡연석
window side table 창가 쪽 자리
extra 추가의, 여분의
location 위치
business hours 영업시간
indoor 실내의
special 특별 요리
tonight 오늘 밤
weekend 주말
table for two 2인용 자리(좌석)
non-smoking section 금연석
patio seating 테라스 자리
waiting list 대기자 명단
address 주소
outdoor 야외의

SIGN ENGLISH

우리나라는 24시간 음식점도 많고 손님이 있는 경우에는 영업시간을 조정하기도 합니다. 하지만 외국의 대부분의 음식점에서는 영업시간을 정해 놓고 영업 종료 약 30분 전에 음식 주문을 마칩니다. 일부 음식점이나 카페의 경우에는 오전에만 영업을 하기도 하니 영업시간을 미리 확인해야 합니다. 영업시간은 대부분의 음식점 문 앞에 있는 표지판에 명시되어 있는 경우가 많으며, 보통 주중보다 주말에 영업시간을 좀 더 연장하는 것이 일반적입니다. 영업시간은 Hours of Operation 또는 Store Hours, Business Hours라고 합니다.

Courtyard Café
Hours of Operation
Monday – Friday
6:30AM – 9:30AM
Saturday and Sunday
7:00AM – 10:00AM
Order off our menu, or join us for our Rainier buffet. just
$10 -
Food and drinks are available in the Market, adjacent to the Front Desk, and is open 24 hours a day.

A I'm looking for an Indian restaurant called IZBA.

B Go down one block.

A IZBA라는 인도 식당을 찾고 있어요. B 한 블록 내려가세요.

A Would you recommend a restaurant?

B What kind of food are you looking for?

A 식당을 추천해 주시겠어요? B 어떤 종류의 음식을 드시고 싶으세요?

A I'd like to try Malaysian cuisine. Which restaurant do you recommend?

B You must try Banana Leaf. It's down the street.

A 말레이시아 요리를 먹고 싶은데, 어느 식당이 좋을까요? B 바나나 리프를 꼭 가보세요. 그 길을 내려가면 있어요.

A Are there any Mongolian restaurants nearby?

B They are next to City Hall.

A 근처에 몽골 음식점이 있나요? B 시청 옆에 있어요.

A How can I get there by bus?

B Take bus number 6 and get off at Piolini Park.

A 버스를 타고 어떻게 가야 하나요? B 6번 버스를 타서 피올리니 공원에서 내리세요.

A Can I have a reservation for tonight?

B Sure. For how many people?

A 오늘 저녁 식사 예약할 수 있나요? B 물론이죠. 몇 분이세요?

A I'd like to cancel the reservation for tonight.

B Okay. Can I have your name?

A 오늘 저녁으로 한 식사 예약을 취소하고 싶어요. B 네. 성함을 알려 주시겠어요?

A I'd like to make a reservation for tonight.

B I'm so sorry. It's fully booked.

A 오늘 저녁 식사를 예약하고 싶어요. B 정말 죄송합니다만, 예약이 모두 찼습니다.

A May I have your name?

B It's Lee. L-E-E.

A 성함을 말씀해 주시겠어요? B '이'예요. L, E, E입니다.

A Where can I enjoy some local food?

B Why don't you go to Fisherman's Wharf for that?

A 지역 음식은 어디에서 맛볼 수 있나요? B 피셔맨스 워프로 가 보시지 그러세요?

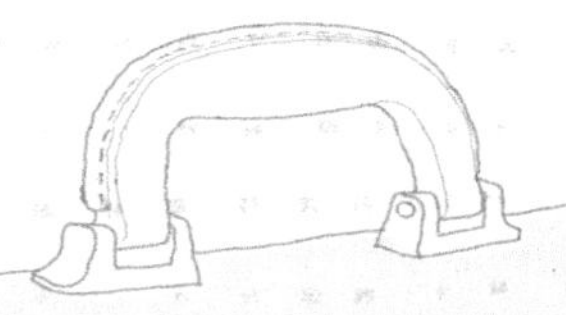

Travel Tips

여행 책에서 소개하는

해외 유명 맛집들은 예약 없이는 식사가 불가능한 경우가 많으니, 적어도 하루 전에 인원과 시간을 정해서 예약을 해야 합니다. 대부분 전화로 예약이 가능하고, 인터넷으로도 예약 가능합니다. 옆 사진의 식당은 하와이 Ala Moana Center 주변에 위치한 재일 교포가 운영하는 일본과 한국 음식을 맛볼 수 있는 음식점인데, 첫날 예약을 하지 않고 갔더니 밤 11시나 돼야 자리가 있다고 해서 그 이튿날로 예약할 수밖에 없었습니다. 여러분도 이런 고생을 하지 않도록 미리 전화를 하거나 방문하여 예약을 해 두세요.

해외 유명 맛집은 꼭 미리 예약한 후 이용하세요.

UNIT 11 음식 주문, 계산

식당에서는 일반적으로 메인 요리를 주문하기 전에 미리 음료를 주문받습니다. 음료를 마시고 싶지 않다면 "Just water, please."라고 말하세요. 병에 담긴 물은 돈을 지불해야 하므로, 생수를 먹고 싶다면 "Just tap water, please."라고 말하면 됩니다.

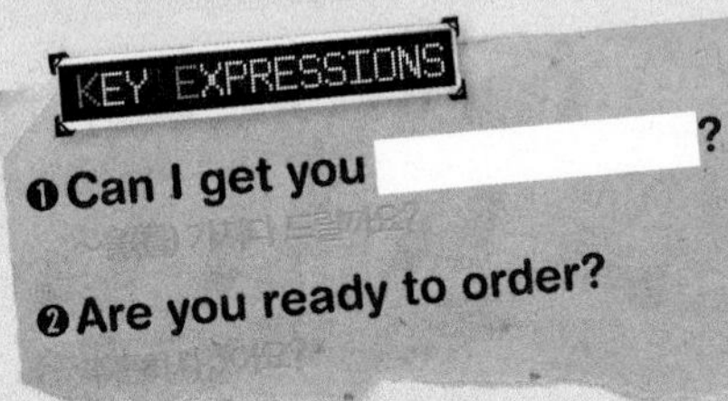

KEY EXPRESSIONS
❶ Can I get you ?
❷ Are you ready to order?

REAL DIALOGUE

A **Here are your menus. Today's special is grilled chicken. I'll be back to take your order in a minute. Can I get you anything to drink first?**
메뉴 여기 있습니다. 오늘의 특별 메뉴는 구운 치킨입니다. 곧 주문받으러 다시 오겠습니다. 음료수부터 가져다 드릴까요?

B **Yes. Coke, please.**
네, 콜라 주세요.

(잠시 후)

A **Are you ready to order?**
주문하시겠어요?

B **Yes. I'll have garlic shrimp.**
네, 마늘 새우 요리로 할게요.

A **Would you like soup or salad with that?**
수프나 샐러드도 하시겠어요?

B **I'll have Caesar salad.**
시저 샐러드로 주세요.

□ **special** (음식점의) 특별 요리

Further Expressions

May I take your order?
주문하시겠어요?

Can I order later? I'm waiting for someone.
조금 있다가 주문해도 될까요? 일행이 오거든요.

Can I have the menu?
= *I'd like to see the menu, please.*
메뉴판 좀 보여 주세요.

What will you have?
무엇으로 하시겠습니까?

I'm not ready to order yet.
아직 주문할 준비가 안 됐어요.

What is today's special?
오늘의 특별 메뉴는 무엇인가요?

What do you recommend?
추천 좀 해주시겠어요?

How long should I wait?
얼마나 기다려야 하나요?

Have you been helped?
주문하셨어요?

I'll have the same.
같은 걸로 할게요.

What's that dish they're having?
저 사람들이 먹는 음식이 뭔가요?

I want something spicy.
매운 것을 먹고 싶은데요.

Hold the onions, please.
= *Leave out the onions, please.*
양파는 빼고 주세요.

Does this have mushrooms in it?
이 음식에 버섯이 들어가나요?

I'd like the seafood spaghetti.
해산물 스파게티 주세요.

What kind of dressings do you have?
샐러드드레싱은 어떤 것이 있나요?

샐러드드레싱에는 여러 종류가 있는데, 대표적인 것으로는 French, Thousand Island, Vinegar and Oil, Blue Cheese, Ranch 등이 있어요. Thousand Island가 가장 많이 알려져 있지만, Ranch 드레싱도 한국인의 입맛에 잘 맞아요.

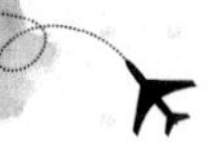

I'm allergic to shrimp.
새우 알레르기가 있어요.

What would you like for dessert?
= *Would you like anything for dessert?*
디저트로 뭘 하시겠어요?

What kinds of desserts do you serve?
= *Can I have the dessert menu?*
디저트로 뭐가 있나요?

I'll have coffee with cheese cake.
커피와 치즈 케이크 주세요.

Who ordered spaghetti?
어떤 분이 스파게티를 주문하셨나요?

That's mine.
제 음식이에요.

Do you need anything else?
더 필요하신 게 있나요?

How is everything?
음식이 어떠세요?

This meat is very tough. 이 고기는 매우 질겨요.
It tastes good. / It tastes funny. 맛있어요. / 맛이 이상해요.
It's bland. / It's salty. 싱거워요. / 짜요.
It's too salty. / It's too sweet. 너무 짜요. / 너무 달아요.
It's too greasy. / This is very light. 너무 느끼해요. / 정말 담백해요.
Enjoy your meal. 맛있게 드세요.

Can I have extra dressing, please?
드레싱을 더 주시겠어요?

Can I have two extra plates?
개인용 접시 2개 주세요.

Can I have a booster[high] chair?
어린이용 의자 좀 주세요.

More water, please.
물 좀 더 주세요.

Can I have some napkins?
냅킨 좀 주시겠어요?

Can I have another spoon?
숟가락 하나 더 주시겠어요?

I dropped the fork.
포크를 떨어뜨렸어요.

Please wipe the table.
테이블을 닦아 주세요.

Would you take away the dishes?
접시를 치워 주시겠어요?

Will you clear the dishes off the table?
식탁을 치워 주시겠어요?

4 계산

Check[Bill], please.
계산서 주세요.

Do I pay here?
여기서 계산하면 되나요?

May I have the receipt?
영수증을 주시겠어요?

Did you like the food?
음식 맛있게 드셨어요?

Can I pay by traveler's check?
여행자 수표로 계산할 수 있나요?

This is not our check.
이건 저희 계산서가 아닌데요.

- I've been waiting for ages. When will I be served?
  오래 기다렸는데, 음식이 언제 나오나요?
- I don't think this is what I ordered. 이건 제가 주문한 음식이 아닌 것 같은데요.
- The plate is dirty. 접시가 더러워요.
- This is not fresh. 이 음식은 신선하지 않아요.
- This steak isn't cooked right.
  = This steak is still pink. 이 스테이크는 덜 익었어요.
- This steak is overdone. 이 스테이크는 너무 익었어요.
- This is burnt. 이건 탔어요.
- I'm allergic to tomato. 저는 토마토 알레르기가 있어요.

Further VOCABULARY

1 주문

waiter 웨이터
share 음식을 공유하다(나눠 먹다)
dish 요리
appetizer 전채 요리
soup 수프
dessert 디저트
white wine 백포도주
beer 맥주
coffee 커피
order 주문하다
menu 메뉴
cuisine 요리
salad 샐러드
main dish 메인 요리
bread 빵
red wine 적포도주
beverage[drink] 음료
tea 차

2 요리 재료

lamb[mutton] 양고기
pork 돼지고기
turkey 칠면조
salmon 연어
lobster 바닷가재
scallop 가리비
salmon 연어
carrot 당근
lettuce 양상추
broccoli 브로콜리
onion 양파
celery 샐러리
potato 감자
corn 옥수수
beef 소고기
chicken 닭고기
goose 거위
squid[calamari] 오징어
prawn 새우
shellfish 조개
tuna 참치
mushroom 버섯
cabbage 양배추
garlic 마늘
cucumber 오이
spinach 시금치
sweet potato 고구마

3 조리 방법

rare 덜 익힌
medium-rare 중간보다 덜 익힌
well-done 완전히 익힌
fried 튀긴
steamed 찐
medium 중간 정도 익힌
medium well-done 중간보다 좀 더 익힌
baked 구운
boiled 끓인
hashed[chopped] 다진

chilled 냉각시킨
grilled 석쇠에 구운
roasted 불에 구운
smoked 훈제한

4 테이블

spoon 숟가락
knife 나이프
napkin 냅킨
wine glass 와인 잔
pepper 후추
fork 포크
chopsticks 젓가락
cup 컵
salt 소금
vinegar 식초

5 계산

check[bill] 계산서
tip 팁
cash 현금
debit card 직불 카드
change 거스름돈
counter 계산대
service charge 서비스 요금
payment 지불
credit card 신용 카드
traveler's check 여행자 수표
❶tax 세금
cashier 계산원

❶ 미국이나 캐나다 등의 경우 계산서에 세금이 부가되어 예상 비용보다 더 많이 발생하기도 합니다. 세금 비율은 각 주마다 조금씩 차이가 있습니다.

SIGN ENGLISH

커피숍에서 음료를 주문할 때는 *Order Here*라고 표시된 곳에서 줄을 서야 합니다. 마찬가지로 식사하러 레스토랑을 찾은 경우에도 안내를 받기 위해 우선 입구에서 기다려야 합니다. 호텔에서 아침 식사를 하기 위해 레스토랑으로 갔을 때 가장 먼저 눈에 띄는 표지판은 *Wait Here*일 것입니다. 우리나라에서는 큰 레스토랑이 아닌 경우 손님이 음식점에 들어가 바로 빈자리에 앉는 경우가 많지만, 해외에서는 안내를 받지 않고 빈자리로 바로 가서 앉게 되면 무례하게 보일 수 있습니다. 또한 커피점에서 *Coffee of the Day*(오늘의 커피)를 맛볼 수 있는 것처럼, 레스토랑에서는 *Soup of the Day*(오늘의 수프)를 주문할 수 있습니다. "오늘의 수프는 무엇인가요?"라고 물어보려면 "What is the soup of the day?"라고 말하면 됩니다.

A May I take your order, please?

B Can we have a few more minutes?

A 주문하시겠어요? B 좀 더 시간을 주시겠어요?

A What would you like to have?

B I'll have number 13.

A 무엇으로 하시겠어요? B 13번으로 할게요.

음식 이름이 익숙하지 않다면 위와 같이 메뉴판에 적혀 있는 번호로 주문하세요.

A What's the special for today?

B It's salmon steak with cream sauce.

A 오늘의 특별 요리는 무엇인가요? B 크림소스를 곁들인 연어스테이크입니다.

A How big is the dish?

B It's good for two people.

A 이 음식은 몇 인분인가요? B 두 분이 드시기 괜찮습니다.

A What would you recommend?

B Well, Jambaya spaghetti is quite popular here.

A 어떤 음식을 추천해 주시겠어요? B 잠바야 스파게티가 꽤 인기 있어요.

A How would you like it?

B Well-done, please.

A 고기는 얼마나 익혀드릴까요? B 완전히 익혀 주세요.

A Would you like to have coffee or tea?

B Tea, please.

A 커피나 차를 드릴까요? B 차 주세요.

A Would you like to have dessert?

B No thanks. Can I have the check?

A 디저트 드시겠어요? B 괜찮습니다. 계산서 주시겠어요?

A How is the food?

B It's great. Thanks.

A 음식이 어떠세요? B 맛있어요. 고맙습니다.

주문한 음식이 나오면 담당 서버들이 음식 맛이 어떤지 묻는데, 음식의 간이 맞지 않는다면 이때 요청할 수 있습니다.

A Excuse me, is this what I ordered?

B Let me check.

A 죄송합니다만, 이 음식이 제가 주문한 게 맞나요? B 확인해 볼게요.

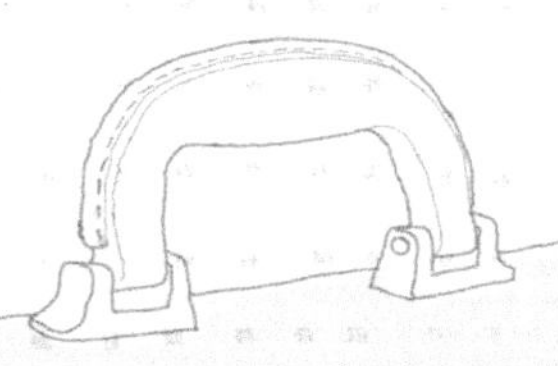

Cultural Tips

식당에 들어가면

자리를 안내받기 위해 기다려야 하며, 창가 쪽 자리와 같이 특정한 자리를 원한다면 요청할 수 있습니다. 고급 식당에서 식사를 하게 되면 다양한 포크와 나이프가 식탁에 놓여 있어 당황하게 되는데, 코스에 따라 조금씩 차이가 있긴 하지만 기본적으로 생선용, 고기용, 샐러드용의 포크와 숟가락이 있습니다. 음식이 나오는 순서에 맞게 놓여 있으므로 바깥쪽부터 안쪽의 순서로 차례대로 사용하면 됩니다. 디저트용 스푼은 디저트와 함께 별도로 제공합니다. 음식을 다 먹고 나서 치워 주기 원한다면 포크와 나이프를 가지런히 접시 위에 올려놓으세요.

포크와 나이프는 바깥쪽에서 안쪽 순서로 사용하세요.

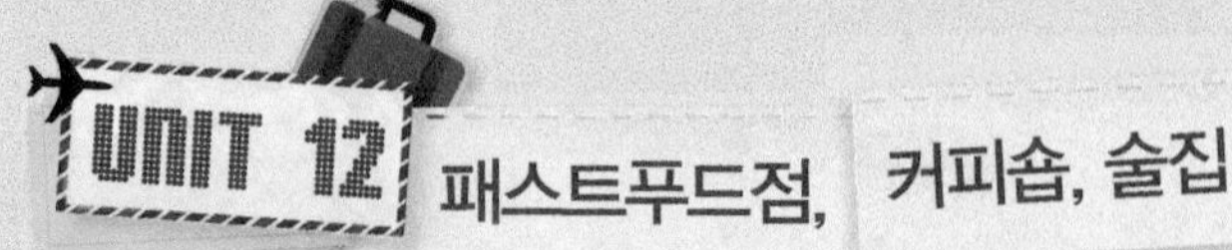

UNIT 12 패스트푸드점, 커피숍, 술집

여행을 하다 보면 가장 많이 먹게 되는 음식은 간편하게 먹을 수 있는 패스트푸드가 아닐까 싶습니다. 우리나라에 있는 동일한 브랜드의 패스트푸드점이라도 각 나라마다 조금씩 다른 메뉴를 제공하기도 합니다. 음식 이름이 익숙하지 않다면 메뉴판에 있는 번호로 주문해도 됩니다.

KEY EXPRESSIONS

❶ **Can I choose ________?**
을(를) 고를 수 있나요?

❷ **For here or to go?**
여기서 드실 건가요, 가져가실 건가요?

REAL DIALOGUE

A **May I help you?**
주문하시겠어요?

B **I'd like to have number five.**
5번 메뉴로 주세요.

A **A chicken burger combo?**
치킨버거 세트요?

B **Yes, please. Can I choose the soda?**
네, 탄산음료는 고를 수 있나요?

A **You can just have what you want from there. For here or to go?**
저쪽에서 원하시는 음료를 직접 고르시면 됩니다. 여기서 드실 건가요, 가져가실 건가요?

B **For here, please.**
여기서 먹을 거예요.

A **Do you need anything else?**
더 필요하신 게 있으신가요?

B **No, that's all.**
아니요, 그게 다예요.

□ **combo** 세트 메뉴 □ **soda** 탄산음료

Further Expressions

I'll have [1]fish and chips.
피시 앤 칩스 주세요.

❶ fish and chips는 영국의 가장 대표적인 패스트푸드 음식으로, 생선가스처럼 대구를 튀긴 것과 크게 잘라서 튀긴 감자를 제공합니다.

I'll have a hamburger and French fries.
햄버거와 감자튀김 주세요.

I'll have a chickenburger and a large coke, please.
치킨버거 하나와 콜라 큰 것으로 주세요.

Three cheeseburgers to go, please.
치즈버거 세 개 포장해 주세요.

Would you like anything to drink?
음료수도 하시겠어요?

I'll have coke without ice.
얼음 넣지 않은 콜라로 주세요.

One Big Mac combo, please.
빅맥 세트 하나 주세요.

Can I have extra mayo, please?
마요네즈를 더 넣어 주시겠어요?

Could you give me some more ketchup?
케첩을 더 주시겠어요?

Hold the onions, please.
= *Can I get that with no onions, please?*
양파는 빼주세요.

Where are the straws?
빨대는 어디에 있나요?

Would you cut it in half?
반으로 잘라 주시겠어요?

Can I get a refill?
= *Can you refill this, please?*
리필 좀 해주시겠어요?

Are refills free?
리필은 무료인가요?

Enjoy your meal.
맛있게 드세요.

Can I have an extra shot?
에스프레소 샷을 추가로 넣어 주시겠어요?

Can I have an Americano?
아메리카노 주세요.

I'd like to have a small green tea latte.
녹차 라떼 작은 것으로 주세요.

Hot or iced?
뜨거운 걸로 드릴까요, 차가운 걸로 드릴까요?

Would you like your coffee with whipped cream?
커피에 휘핑크림을 넣어 드릴까요?

What would you like to drink?
술은 어떤 것으로 드릴까요?

Which beer do you have?
맥주는 뭐가 있나요?

Would you show me your ID?
신분증을 보여 주시겠어요?

Would you like whisky on the rocks?
위스키에 얼음을 넣어서 드릴까요?

I'll have the same.
같은 걸로 할게요.

Will you get us one lager?
맥주 하나 주시겠어요?

Will you get us 4 bottles of beer?
맥주 4병 주시겠어요?

Can I have a pint of Guinness?
기네스 파인트 하나 주세요.

Can we have two drafts of beer?
생맥주 두 잔 주실래요?

On the rocks, please.
얼음을 넣어서 주세요.

Do you serve non-alcoholic cocktails?
무알코올 칵테일이 있나요?

Cheers! 건배!

Bottoms up! 원샷!

Separate check, please.
계산서를 따로 주세요.

This beer is on me.
맥주는 제가 살게요.

It's my treat.
제가 살게요.

> Sorry, it's not available today.
죄송합니다만, 그 음식은 오늘 제공하지 않습니다.

> I spilled the soda. Can I have extra napkins?
탄산음료를 쏟았어요. 냅킨을 더 주시겠어요?

> I'm allergic to onions. Would you take them out?
양파 알레르기가 있는데, 빼주시겠어요?

> Excuse me, I didn't order this.
죄송합니다만, 이 음식은 주문하지 않았어요.

> Excuse me, I ordered about 30 minutes ago.
죄송합니다만, 30분 전쯤에 주문했는데요.

Further VOCABULARY

1 패스트푸드점

veggie sandwich 야채 샌드위치
club sandwich 클럽 샌드위치(야채, 햄, 치즈를 넣은 기본적인 샌드위치)
roasted chicken sandwich 구운 닭 샌드위치
turkey breast sandwich 칠면조 가슴살 샌드위치
BLT sandwich 베이컨, 양상추, 토마토를 넣은 샌드위치
hamburger 햄버거
kids menu 어린이 메뉴
French fries 감자튀김
pickles 피클
cabbage 양배추
muffin 머핀
bagel 베이글
hot dog 핫도그
fizzy drinks[soda] 탄산음료
carbonated water 탄산수
coke 콜라
mayonnaise[mayo] 마요네즈
takeout 포장
cheeseburger 치즈버거
combination[combo] menu 세트 메뉴
taco 타코
lettuce 양상추
onion 양파
donut 도넛
pancake 팬케이크
straw 빨대
carbonated[soft] drinks 탄산음료
7-up 사이다
sundae 선데이(초콜릿, 과일, 과즙 등을 얹은 아이스크림)
ketchup 케첩
refill (음료를) 다시 채우다

2 커피숍

coffee 커피
decaf coffee 카페인을 뺀 커피
latte 라떼
tea 차(홍차)
green tea 녹차
iced tea 아이스티
cheese cake 치즈 케이크
sugar 설탕
cinnamon 계피
smoothie 스무디(과일, 우유, 요구르트, 아이스크림 등을 섞은 음료)
coffee carrier 커피 캐리어
beverage 음료
cappuccino 카푸치노
caramel macchiato 카라멜 마키아토
lemonade 레모네이드
chai latte 실론티
shot 에스프레소 샷
tiramisu 티라미슈 케이크
whipped cream 휘핑크림
syrup 시럽
sleeve 슬리브(컵이 뜨겁지 않게 잡는 부분)

3 술집

[1]bar[pub] 술집	liquor 술, 주류
liquor store 주류 판매점	beer 맥주
draft[draught beer] 생맥주	dark beer 흑맥주
bottled beer 병맥주	canned beer 캔맥주
house wine 하우스 와인	red wine 적포도주
white wine 백포도주	whisky 위스키
gin & tonic 진토닉	vodka 보드카
champagne 샴페인	cocktail 칵테일
tequila 테킬라	toast 건배, 축배
cheer 건배	bartender 바텐더
draw 잔	bottle 병
straight-up (칵테일 등이) 얼음 없이 나오는	on the rocks (위스키 등에) 얼음을 넣은

❶ 영국에서는 술집을 bar라고 하지 않고 대부분 pub이라고 합니다. 맥주를 유난히 좋아하는 영국인들은 하루가 끝나면 pub에 모여 간단히 저녁 식사도 하고 축구를 시청하기도 합니다. pub에서는 간단한 안주를 주문하기도 하지만 대부분은 술만 즐깁니다. 계산은 각자 원하는 만큼 맥주를 주문하고 바로 계산하면 됩니다.

SIGN ENGLISH

관광지의 information center에는 관광객들을 위해 무료로 배부하는 다양한 잡지가 있습니다. 이러한 잡지에는 맥도널드나 서브웨 등의 패스트푸드점에서 사용 가능한 Buy 1, Get 1 Free(1+1 상품) 쿠폰을 제공하기도 합니다. 박물관이나 미술관 같은 문화 시설의 입장권도 할인 쿠폰이 첨부되어 있으니, 잘 활용하면 여행 비용을 절약할 수 있습니다. 쿠폰에는 사용 인원이 제한되어 있거나, 유효 기간이 정해져 있기도 하니 먼저 쿠폰을 확인한 후 사용해야 합니다.

Short Dialogues

A What would you like to order?

B One club sandwich, please.

A 주문하시겠어요? B 클럽샌드위치 하나 주세요.

A May I help you?

B Yes, number four, please.

A 주문하시겠어요? B 네, 4번 주세요.

A Can I get you something to drink?

B Coke, please.

A 음료수는 어떤 것으로 드릴까요? B 콜라 주세요.

A What kinds of drinks do you have?

B We have fizzy drinks and orange juice.

A 어떤 음료가 있나요? B 탄산음료와 오렌지 주스가 있어요.

A What size of the sandwich do you want?

B A [1] footlong, please.

A 샌드위치는 어떤 사이즈로 드릴까요? B 풋롱으로 주세요.

❶ 서브웨이 등의 패스트푸드점에서 제공하는 사이즈로, 우리나라의 바게트 정도 길이의 샌드위치입니다.

A Would you like to choose the bread?

B I'll have [1] wheat bread.

A 빵은 어떤 것으로 드릴까요? B 소맥빵으로 할게요.

❶ 빵의 종류로 rye bread(호밀빵), white bread(흰빵), oatmeal bread(오트밀빵) 등이 있으니 기호에 따라 선택할 수 있습니다.

A Will that be all?

B Yes, that's all.

A 전부인가요? B 네, 그게 다예요.

A It'll take about five minutes.

B Okay, no problem.

A 5분 정도 걸릴 거예요. B 네, 괜찮습니다.

A Can I have an avocado burger with extra pineapples?

B Sorry, we ran out of avocado.

A 파인애플을 추가로 넣은 아보카도버거로 주시겠어요? B 죄송합니다만, 아보카도가 다 떨어졌습니다.

A What can I get for you?

B I'll have a large pizza with extra cheese and pepperoni.

A 무엇으로 하시겠어요? B 치즈와 페퍼로니를 추가한 큰 사이즈의 피자로 주세요.

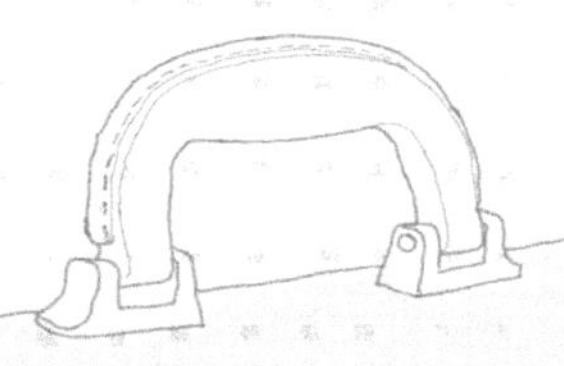

Travel Tips

나라에 따라 주류를 판매하는 상점이 법에 따라 정해져 있기도 합니다. 영국의 경우 일반 상점에서는 주류를 취급할 수 없고, 특정 면허를 받은 곳에서만 주류를 판매하도록 되어 있습니다. 이러한 상점들의 경우 상점의 시간이 정해져 있으므로 필요한 경우 미리 구매해 놓아야 불편함이 없습니다. 부활절 기간에 아일랜드로 여행을 갔을 때, 이 기간을 기념하는 의미에서 며칠간은 주류 판매를 금지하고 있었습니다. 아일랜드가 Guinness와 같은 흑맥주로 매우 유명한 곳인 것을 생각했을 때 다소 특이한 경험이었습니다. 또한 이 기간에는 상점에서의 주류 판매뿐 아니라 술집도 영업을 하지 않습니다.

각 나라에 따라 특정일에는 주류 판매를 금지하기도 해요.

이곳은 무엇이 맛있을까?

영국

피시 앤 칩스(Fish and Chips)

피시 앤 칩스(fish and chips)는 썬 감자와 튀김옷을 입힌 생선을 튀겨 만든 즉석 음식입니다. 본래 영국 음식로 다른 나라에도 잘 알려져 있으며, 호주와 뉴질랜드에서도 인기 있는 패스트푸드 중 하나입니다. 생선은 보통 대구 같은 흰살 생선에 튀김옷을 입혀 튀기고 감자튀김은 감자를 두껍게 썰어 튀키는 게 특징입니다. 영국인들은 이 음식을 케첩보다 식초와 소금을 뿌려 먹습니다. 피시 앤 칩스는 가격이 저렴해서 서민들에게 사랑받는 음식 중 하나였지만, 대구 어획량이 줄어들어 가격이 많이 오르게 되었습니다.

영국의 피시 앤 칩스

미국의 칠면조 요리

중국의 북경 오리

영국식 조반(English Breakfast)

전통적인 영국인의 아침 식사였던 English Breakfast는 영국의 호텔이나 B&B(Bed and Breakfast)에 가면 먹을 수 있는 메뉴입니다. 영국의 홍차나 커피와 함께 구운 베이컨과 토마토, 데친 버섯, 통조림 콩을 제공합니다. 달걀은 프라이, 스크램블 에그, 삶은 달걀 중 한 가지를 선택할 수 있습니다.

미국

칠면조 요리

11월 넷째 주 목요일로 정해져 있는 추수 감사절은 우리나라의 추석처럼 미국에서의 큰 명절입니다. 청교도들이 미국 매사추세츠에 도착한 해인 1620년에 혹독한 겨울 추위로 인해 청교도들의 절반이 죽자, 남은 청교도들은 이웃 인디언들에게 도움을 청했습니다. 인디언들은 옥수수와 곡식을 경작하는 방법을 가르쳐 주었고, 다음 해인 1621년 가을에 풍성한 수확으로 축제를 열어 감사를 표한 것이 오늘날의 추수 감사절로 이어져 오고 있다고 합니다. 미국에서는 추수 감사절 저녁에 칠면조와 함께 크랜베리소스, 감자, 호박 파이 등을 먹습니다. 닭보다 2~3배 정도의 크기인 칠면조를 허브와 소금, 후추로 간을 한 뒤에 올리브 오일을 칠면조에 발라 오븐에 2~3시간 정도 구우면 완성되는 이 요리는 추수 감사절에 모인 가족들이 다함께 즐기는 음식입니다.

중국

북경 오리

중국이나 해외에 있는 차이나타운에 가면 레스토랑 윈도우에 나란히 걸려 있는 오리를 어렵지 않게 볼 수 있습니다. 북경 오리는 원나라 시대부터 전해내려온 베이징 전통 요리로 베이징카오야라고 불립니다. 북경 오리는 껍질이 잘 구워져 바삭바삭하며 고소한 맛이 납니다. 북경 오리는 얇게 썰어서 소스를 찍어 오이채 같은 야채와 함께 바오빙이라는 얇은 밀전병에 싸서 먹는 게 일반적입니다.

이탈리아 젤라또 아이스크림

이탈리아에서 빼놓을 수 없는 음식은 피자, 파스타 외에 아이스크림이 있습니다. 로마에는 100년이 훨씬 넘었다는 아이스크림 가게도 몇 군데가 있습니다. 가격이 다소 비싸지만 신선하고 다양한 과일과 바닐라 초콜릿 등의 다양한 아이스크림을 맛볼 수 있습니다. 최근 한국에도 이탈리아 아이스크림 가게가 많이 들어와 있지만, 본래의 맛을 느낄 수 있는 곳은 이탈리아겠죠?

일본 라멘

일본 라멘은 19세기 말 중국에서 전해져 왔다고 알려져 있습니다. 라멘은 중국어의 '라이'와 '미엔'의 합성어이며, 중국식 볶음면 형태로 처음에 일본으로 전해져 왔다고 합니다. 일본인들은 라멘을 자신들의 입맛에 맞게 보완해 나갔는데, 일본의 간장인 쇼유를 넣거나 미소를 풀어서 육수를 만들어 내기 시작했습니다. 일본의 3대 라멘은 삿포로의 미소 라멘, 키타의 쇼유 라멘, 하카다의 돈고츠 라멘인데 양념과 국물의 재료에 따라 종류를 분류하기도 합니다.

호주 먹을거리

호주에서만 먹을 수 있는 음식 중 하나가 바로 캥거루 스테이크입니다. 다른 곳에서는 먹어 볼 수 없는 고기이기 때문에 여행객들도 한 번쯤은 먹어보게 되는 것 같습니다. 스테이크 외에 캥거루 꼬리를 고아서 만든 캥거루 수프는 원주민들의 전통 요리로, 전문 식당에서 맛볼 수 있습니다. 또한 해외 여행 중 간단히 먹을 만한 간식으로는 초콜릿으로 만든 초콜릿 바 또는 과자류가 있습니다. 호주의 슈퍼마켓에서 쉽게 살 수 있는 군것질거리는 다음과 같습니다.

Caramello Koala
코알라 모양의 초콜릿으로, 호주 여행을 기념할 만한 작은 선물로도 적당해요.
Crunchie Chocolate Bar
달콤한 캐러멜이 안에 들어 있는 초콜릿 바로, 달콤한 맛때문에 많은 사랑을 받고 있는 초코바예요.
Crunchie
Tim Tam
겉은 바삭바삭한 초콜릿 과자를, 안에는 달콤한 초콜릿 크림을 맛볼 수 있는 우리나라의 초코파이와도 비슷한 과자예요. 이 과자는 커피나 홍차와 함께 먹으면 더 맛있어요.
ARNOTT'S
TimTam
ORIGINAL
Lamington
코코넛 가루를 묻힌 정육면체의 초콜릿 스펀지케이크로, 슈퍼마켓이나 제과점에서 구입할 수 있어요.

CHAPTER 5

쇼핑

UNIT 13 쇼핑, 구매, 계산

UNIT 14 교환, 환불

UNIT 13 쇼핑, 구매, 계산

국내에서는 값이 비싼 화장품이나 명품 브랜드들을 해외에서는 저렴한 값에 구입할 수 있습니다. 평소에 쇼핑을 잘하지 않던 사람이라도 해외에 나가면 국내에서 볼 수 없었던 다양한 것들을 구입하게 됩니다. 벼룩시장이나 노점상에서는 흥정을 잘하면 좀 더 저렴한 값에 구매 가능합니다.

KEY EXPRESSIONS

❶ **I'm looking for ________.**
~을(를) 찾고 있어요.

❷ **Can I try this on?**
이거 입어 봐도 되나요?

REAL DIALOGUE

A **How are you? May I help you?**
안녕하세요. 도와드릴까요?

B **I'm looking for a skirt.**
치마를 찾고 있어요.

A **Alright. How about this one? This is quite popular.**
네. 그럼 이건 어떠세요? 꽤 인기 있는 상품입니다.

B **I like it. Can I try this on?**
맘에 드네요. 입어 봐도 되나요?

A **Sure. There is a fitting room over there. What size are you?**
물론이죠. 탈의실은 저기 있습니다. 몇 사이즈 입으세요?

B **I think I'm size 4. Can I have size 6 as well just in case?**
4사이즈인 것 같은데요. 혹시 모르니 6사이즈도 주시겠어요?

(잠시 후)

B **I'll take this. Could you wrap it, please?**
이걸로 살게요. 포장해 주시겠어요?

A **Sure. I'll help you at the counter.**
네. 카운터에서 도와드리겠습니다.

□ **popular** 인기 있는 □ **fitting room** 탈의실 □ **wrap** 포장하다

Further Expressions

How may[can] I help you?
어떻게 도와드릴까요?

Are you looking for anything special?
= Are you looking for something special?
특별히 찾으시는 것이 있으세요?

I'm just looking around.
= I'm just browsing.
그냥 구경하는 거예요.

Please let me know if you need anything.
필요하시면 제게 말씀해 주세요.

I'm looking for a bag.
가방을 보고 있어요.

Is this on sale?
이 상품은 할인하나요?

What size can I get you?
어떤 사이즈로 드릴까요?

What size do you wear?
= What is your size?
어떤 사이즈를 입으세요(신으세요)?
우리말의 '입다', '신다'라는 표현을 영어로는 모두 동사 wear를 사용하면 됩니다.

Can I have this skirt in a size 7?
이 치마로 7사이즈가 있나요?

I usually wear a size 9.
보통 9사이즈를 신어요.

I'd like to try this on.
= May[Can] I try it on?
입어(신어) 볼게요.

Where is the fitting[changing] room?
탈의실이 어디죠?

You can try on up to 6 items.
6개 상품까지 가지고 (들어가서) 입어 보실 수 있어요.

Do you have this one in black?
이 상품으로 검정색이 있나요?

Do you have this blouse in another color?
이 블라우스로 다른 색상이 있나요?

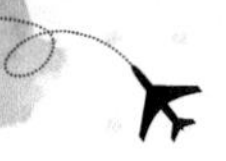

Could you show me another color?
다른 색상을 보여 주시겠어요?

This blouse doesn't go with the skirt.
이 블라우스는 그 치마와 어울리지 않아요.

The sleeves are too short.
소매가 너무 짧아요.

The pants are too long.
바지가 너무 길어요.

These shoes are too tight on the sides.
발 옆이 꽉 끼는군요.

These shoes hurt my toes.
이 구두는 발이 아파요.

They are too big for my feet.
(신발이) 제 발에 너무 크네요.

I don't feel comfortable.
편하지 않아요.

Buy one get one 50% off.
하나 사면 두 번째 상품은 50% 할인입니다.

I'll take this.
이걸로 할게요.

Does this bracelet have a warranty?
이 팔찌는 보증서가 있나요?

Would you recommend a moisturizing cream?
수분 크림 좀 추천해 주시겠어요?

Can I try this?
이 제품을 사용해 봐도 되나요?

I'm looking for a laptop computer.
노트북을 찾고 있어요.

What is the most popular model?
가장 인기 있는 모델이 어떤 거죠?

Can I repair this in Korea?
이 상품을 한국에서 수리할 수 있나요?

How much would this be?
= How much is it?
얼마입니까?

Will it be cash or charge[card]?
결제는 현금으로 하실 건가요, 아니면 카드로 하실 건가요?

Let me help you with the card payment.
카드 결제 도와드리겠습니다.

How low can you go?
얼마까지 해주실 수 있으세요?

Could you give me a discount?
깎아 주실 수 있나요?

I have a coupon. Can I use this?
쿠폰이 있는데, 사용 가능한가요?

These are for my parents. Could you take off the price tags, please?
이것들은 부모님께 드릴 것이니, 가격표를 떼어 주시겠어요?

Could you wrap this, please?
= *Can I get this gift-wrapped?*
이거 포장해 주시겠어요?

Do you deliver?
배송되나요?

How much do you charge for the delivery?
배달료를 얼마나 지불해야 하나요?

- Excuse me. I got short-changed. I gave you 50 dollars.
  잠시만요. 거스름돈을 덜 받았어요. 저는 50달러를 냈는데요.
- Can you break this?
  = *Can I have change for this?* 이거 잔돈으로 바꿔 줄 수 있습니까?
- I'm afraid you gave me the wrong change. 잔돈을 잘못 주신 것 같아요.
- This is over charged. (계산이) 더 많이 청구되었어요.
- I'm sorry, but your card has expired.
  죄송합니다만, 신용 카드 유효 기간이 만료되었네요.
- Your credit card limit has been exceeded. 신용 카드 한도를 초과하셨습니다.
- This is too expensive. 이건 너무 비싸네요.
- That is a rip-off. 완전 바가지군요.
- This is not refundable. 이 상품은 환불 불가합니다.

미국에서는 현금으로 지불한 계산이 잘못된 경우, 카운터에 있는 모든 돈을 다시 계산하여 합이 맞는지 확인하기도 하므로 다소 시간이 걸릴 수 있습니다.

Further VOCABULARY

1 쇼핑센터

department store 백화점
DFS[Duty-Free Shop] 면세점
grocery store 식료품점
shoe store 신발 가게
electronics store 전자제품 가게
[1]second hand shop 중고품 가게
information center 안내소
outlet 할인 매장
shopping mall 쇼핑몰
convenience store 편의점
liquor store 주류점
cosmetic store 화장품 가게
souvenir shop 기념품 가게

❶ 영국에는 중고품 가게가 많으니, 잘 찾아보면 고가의 물건들을 저렴하게 구입할 수도 있습니다.

2 쇼핑 물품 – 화장품

dry skin 건성 피부
combination skin 복합성 피부
toner 토너
eye serum 눈가 세럼
cleanser 클렌징 제품
eye shadow 아이섀도
hand cream 핸드크림
tanning lotion 태닝 로션
moisturizer[moisturizing cream] 수분 크림
oily skin 지성 피부
anti-aging 노화 방지
lotion 로션
sunscreen 선크림
mascara 마스카라
compact[face powder] 콤팩트
nail polish 매니큐어
perfume[fragrance] 향수

3 쇼핑 물품 – 의류

shirt 셔츠
sweater 스웨터
suit 정장
jacket 재킷
rain coat 우비
jeans 청바지
shorts 반바지
blouse 블라우스
winter coat 겨울용 코트
socks 양말
underclothes[underwear] 속옷
panties 여성용 팬티
polo shirt 폴로셔츠(깃이 있는 반소매 셔츠)
vest 조끼
tie 넥타이
trench coat 트렌치코트
sportswear 스포츠 용품
trousers[pants] 바지
skirt 치마
cardigan 카디건
pajamas 파자마
bathrobe 샤워 가운
briefs 남성용 팬티
bra 브래지어

shapewear 보정용 속옷
scarf 스카프
swimsuit[bathing suit] 수영복
glove 장갑
tights 타이즈(스타킹)
muffler 머플러
mitten 벙어리장갑
hoodie 모자가 달린 상의

4 그 외 제품

laptop (computer) 노트북
mobile phone 핸드폰
vitamin C 비타민 C
folic acid 엽산
fish oil 어유
Omega-3 오메가 3
earrings 귀걸이
ring 반지
gold 금
pearl 진주
jade 옥
digital camera 디지털카메라
multivitamin 종합 비타민
calcium 칼슘
protein 단백질
salmon oil 연어유
necklace 목걸이
bracelet 팔찌
brooch 브로치
silver 은
amethyst 자수정

SIGN ENGLISH

해외에서 의류나 신발 등을 구입할 경우, 우리나라와 치수 표기법이 달라서 어려움을 겪기 마련입니다. 특히 선물로 구매하는 경우에는 사이즈를 종종 잘못 골라 낭패를 보기도 합니다. 방문하는 국가에서 통용되는 단위를 미리 알아 가면 환불이나 교환하는 번거로움 없이 옷이나 신발을 구매할 수 있겠죠. 다음은 각 나라별로 다르게 사용되는 사이즈표입니다. 단, 브랜드마다 조금씩 사이즈가 다를 수 있으니 참고용으로만 사용하세요.

•각 나라별 여자 옷 치수!!

	XS	S	M	L	XL	XXL
한국	44(85)	55(90)	66(95)	77(100)	88(105)	110
미국/캐나다	2	4	6	8	10	12
일본	44	55	66	77	88L	
영국/호주	4~6	8~10	10~12	16~18	20~22	
프랑스	76	80	89	98	107	116
이탈리아	80	90	95	100	105	110
유럽	34	36	38	40	42	44

•각 나라별 남자 옷 치수!!

	XS	S	M	L	XL	XXL
한국	85	90	95	100	105	110
미국		90~95	95~100	100~105	105~110	110~
일본		S	M	L		
영국		S	M	L	XL	
프랑스	76	80	89	98	107	116

•각 나라별 신발 사이즈!!

한국	210	220	230	240	250	260	270	280	290
미국(남/여)	3.5/4	4.5/5	5.5/6	6.5/7	7.5/8	8.5/9	9.5/10	10.5	11.5
일본	21	22	23	24	25	26	27	28	29
영국 (남/여)	2/1.5	3/2.5	4/3.5	5/4.5	6/5.5	7/6.5	8/7.5	9/8.5	10/9.5
프랑스	33	35	36	38	39	41	42	44	45
호주	1.5	2.5	3.5	4.5	5.5	6.5	7.5	8.5	9.5
유럽 (남/여)	35/34.5	36/35.5	37.5/36.5	38.5/38	40/39	41/40.5	42.5/42	44.5/43	45.5/44.5

Short Dialogues

A Can I help you find something?

B I'm just looking around.

A 무엇을 찾으세요? B 그냥 구경하고 있어요.

A How much is this?

B 20% off from the price tag.

A 이거 얼마죠? B 가격표에서 20% 할인입니다.

A Excuse me. What size should I wear?

B Probably, size 4. Would you try this on?

A 저기요, 제가 몇 사이즈를 입어야 될까요? B 아마 4사이즈인 것 같은데, 입어 보시겠어요?

A Do you have this shirt in white?

B I'm sorry. It's out of stock.

A 이 셔츠로 흰색이 있나요? B 죄송합니다만 상품이 없네요.

A Do you like it?

B It's a little big for me. Can I have a smaller one?

A 마음에 드세요? B 좀 크네요. 작은 사이즈로 주시겠어요?

A How do you like it?

B This is too tight around my waist.

A 어떠세요? B 허리 부분이 꽉 끼어요.

A Where is the electronics department?

B It's on the 4th floor.

A 전자제품 코너는 어디에 있나요? B 4층에 있습니다.

A How would you like to pay for this?

B Do you accept traveler's check?

A 계산은 어떻게 하시겠어요? B 여행자 수표 받으시나요?

A Would you like to pay for this in installments or in full?

B I'd like to pay in full.

A 할부로 하시겠어요, 일시불로 하시겠어요? B 일시불로 할게요.

A I'd like to buy a gift for my daughter.

B OK. How old is she?

A 딸에게 줄 선물을 사고 싶어요. B 네, 몇 살이죠?

아이들 옷의 경우 infant와 toddler 사이즈로 나뉘는데 infant는 신생아에서 18개월까지의 유아이며, 사이즈는 개월 수로 표시합니다. toddler의 경우에는 만의 나이로 표시되어 있습니다.

쇼퍼들의 천국은

단연 미국인 것 같습니다. 비행기 수하물의 양도 유럽 국가들에 비해 거의 2배 정도가 허가되며, 상품 가격도 미국 브랜드의 경우 많게는 50% 이상 저렴합니다. 그래서 미국 여행 시 꼭 한 번씩 들르는 곳이 바로 아울렛인데, 땅이 넓은 미국에서는 대부분의 아울렛이 중심가에서 2~3시간 정도 떨어진 외곽에 위치해 있습니다. LA에서 갔던 아울렛은 사막 한가운데 있어서, 차를 빌려서 가거나 여행사에서 운행하는 관광 투어나 아울렛에서 자체적으로 운행하는 셔틀버스를 이용해야 합니다. 운행 시간이 정해져 있고 돌아오는 차편을 미리 예약해야 하므로 쇼핑에 너무 집중하다 보면 차를 놓치게 되는 일이 발생할 수도 있습니다. 방문하고자 하는 아울렛을 인터넷으로 검색해 보면 진행 중인 추가 할인이나 기간을 확인할 수 있고, VIP 할인 쿠폰을 출력하여 활용할 수 있습니다.

미국의 아울렛에 가려면 자동차를 대여하거나 아울렛 셔틀버스를 이용해 보세요.

UNIT 14 교환, 환불

물건을 사고 나서 보니 물건에 흠이 있거나 사이즈가 다른 경우가 생기기도 합니다. 이 경우 물건을 교환하거나 환불하게 되는데, 이때 반드시 영수증을 제시해야 교환이나 환불이 가능합니다. 간단한 표현만 익히면 어렵지 않으니 도전해 볼까요?

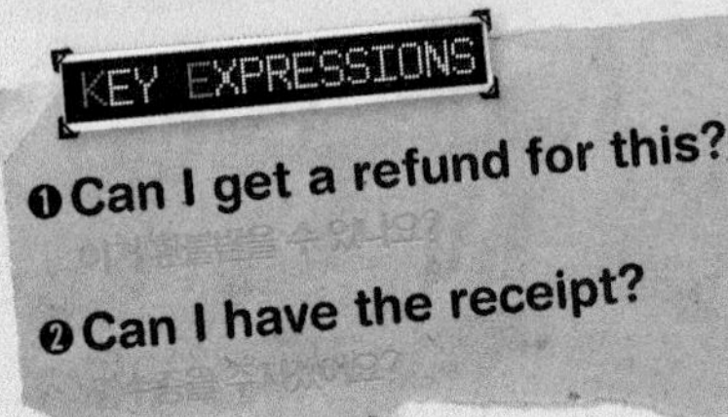

KEY EXPRESSIONS
❶ Can I get a refund for this?
이거 환불받을 수 있나요?
❷ Can I have the receipt?
영수증을 주시겠어요?

REAL DIALOGUE

A **Excuse me. Can I get a refund for this?**
실례지만, 이거 환불받을 수 있나요?

B **Sure. What's the problem?**
물론이죠. 뭐가 문제인가요?

A **It's too big for me.**
저한테 너무 크네요.

B **Then, you can exchange this for a smaller size.**
그럼, 작은 사이즈로 교환 가능한데요.

A **I looked for the smaller size. But it's out of stock.**
작은 사이즈를 찾아봤는데, 품절이네요.

B **Sorry about that. Can I have the receipt?**
죄송합니다. 영수증을 주시겠어요?

A **Here you are.**
여기 있어요.

□ **refund** 환불 □ **exchange** 교환하다 □ **out of stock** 품절(매진)되어 □ **receipt** 영수증

Further Expressions

I'd like to exchange this skirt.
= *I'm here to exchange this skirt.*
이 치마를 교환하고 싶어요.

Can I exchange this?
= *Can I exchange this for another one?*
이 물건 교환할 수 있나요?

Can I exchange the size?
사이즈를 바꿔도 되나요?

When did you buy it?
언제 구입하셨어요?

Do you have the receipt (with you)?
= *Can I see the receipt, please?*
영수증 가지고 있으세요?

I'm afraid I didn't bring the receipt.
영수증을 안 가져온 것 같아요.

All exchange or return requests must be made within one week after the purchase of the item. (문서상)
= *You may get a refund or exchange this within 7 days.*
구입 후 7일 내 환불 및 교환이 가능합니다.

This was badly damaged.
이 제품은 심하게 파손됐네요.

I'd like to get a refund for this.
= *I want to get a refund on this.*
= *May[Can] I get a refund on this, please?*
이것을 환불받고 싶습니다.

Is this refundable?
이거 환불받을 수 있나요?

I'd like to exchange these shoes for a bigger size.
신발을 큰 사이즈로 교환하고 싶어요.

I'd like to exchange this for another color.
이걸 다른 색상으로 교환하고 싶어요.

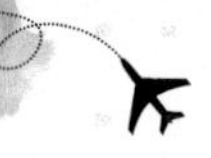

What's the matter?
= What's the problem?
뭐 때문에 그러시죠?

This is too tight for me.
너무 꽉 끼어요.

I think it doesn't fit me.
이거 저한테 안 맞네요.

This is too loose.
너무 헐렁하네요.

This is too long.
너무 길어요.

This is just too short.
너무 짧아요.

These jeans aren't long enough.
청바지 길이가 좀 짧아요.

This is just too small.
너무 작아요.

I don't feel comfortable.
편하지가 않아요.

This is the wrong size.
사이즈가 잘못됐어요.

I don't like the color of this skirt.
치마 색이 맘에 들지 않아요.

This jacket is too tight around the chest.
재킷의 가슴 부분이 꽉 끼어요.

I think the zipper is broken.
지퍼가 고장 난 것 같아요.

This blouse is missing a button on the sleeve.
이 블라우스 소매에 단추 하나가 떨어져 있어요.

The sleeves are a little big for me.
소매가 좀 길어요.

I like its design and color, but it has long sleeves.
이 옷의 디자인과 색상은 맘에 드는데, 긴팔이어서요.

Did you pay in cash, or by credit card?
현금으로 계산하셨나요, 신용 카드로 하셨나요?

I paid in cash.
현금으로 계산했어요.

I paid by credit card.
신용 카드로 계산했어요.

I paid by traveler's check.
여행자 수표로 계산했어요.

I paid half in cash and half by credit card.
절반은 현금으로 하고, (나머지) 절반은 신용 카드로 계산했어요.

- Sorry, this is not refundable.
  죄송합니다만, 이건 환불되지 않는 상품입니다.
- Items purchased on sale cannot be returned for refunds.
  할인 기간에 구매한 물품은 환불 불가합니다.
- Sorry, but you can't get a refund on items where the price tags were taken off. 죄송하지만, 가격표가 떼어진 상품은 환불 불가합니다.
- You gave me the wrong size. 사이즈를 잘못 주셨어요.
- I lost the receipt. 영수증을 잃어버렸어요.
- This is not what I wanted to buy. 이건 제가 사려던 물건이 아니에요.
- You can't get a refund on items you've already used.
  이미 사용하신 물품은 환불받으실 수 없습니다.

Further VOCABULARY

1 환불, 교환

refund 환불하다
get a refund 환불받다
No Refund 환불 불가
return policy 환불 정책
cashier 계산원
picture ID 사진이 있는 신분증
merchandise 상품
receipt 영수증
gift certificate 상품권
total 총액
exchange 교환하다
refundable 환불 가능한
No Exchange 교환 불가
exchange policy 교환 정책
consumer 소비자
price tag 가격표
item 품목
store credit 교환권
subtotal 소계
guarantee[warrant] 보증, 보증하다

2 환불, 교환 이유

big 큰
tight 꽉 끼는
long 긴
wrong size 잘못된 사이즈
long sleeve 긴 소매의
waist 허리
color 색상
button 단추
hole 구멍
design 디자인
defect 결함, 결점
uncomfortable 불편한
damaged 파손된
fit 어울리다, 몸에 잘 맞다
small 작은
loose 헐렁한
short 짧은
sleeve 소매
short sleeve 짧은 소매의
bottoms 엉덩이
snap 스냅단추
zipper 지퍼
stain 얼룩
quality 품질
broken 고장 난
unsatisfied 불만족스러운
work 작동하다
look good on ~에게 잘 어울리다

3 계산 방법

cash 현금
debit card 직불 카드
check(英 cheque) 수표
counter 계산대
pay 지불하다
installment 할부
credit card 신용 카드
traveler's check 여행자 수표
coupon[voucher] 쿠폰
receipt 계산서, 영수증
payment 지불
signature 서명

SIGN ENGLISH

미국 대부분의 상점은 30일간의 환불 보장 제도를 시행합니다. 물건을 구입한 뒤 30일 이내라면 단순 변심이나 물건에 결함이 있는 경우 환불이나 교환을 요청할 수 있습니다. 이때 반드시 구매 영수증과 함께 결제할 때 사용한 동일한 신용 카드를 제시해야 합니다. 영수증을 잃어버린 경우에도 신용 카드로 지불한 경우, 전산 처리로 확인 가능하기도 하지만 불이익을 받을 수도 있습니다. 환불을 받을 경우에도 취소 영수증을 가지고 있어야 이후에 생기게 될 불이익을 막을 수 있습니다.

또한 환불을 받은 경우라면 이미 사용한 할인 쿠폰은 재사용이 불가하고, 물건에 따라 구입 시 환불이나 교환이 불가한 상품임을 명시했다면 환불이나 교환이 불가합니다.

Short Dialogues

A Could you give me a refund for this?
B Sure. Would you please give me the credit card?
A 이거 환불해 주시겠어요? B 물론이죠. 신용 카드를 주시겠어요?

A I'd like to return this shirt.
B I'm sorry, but this is not refundable.
A 이 셔츠를 반품하고 싶어요. B 죄송합니다만, 이 상품은 반품되지 않습니다.

A Can I exchange this for the bigger one?
B Just a minute. I'll check it for you.
A 이거 큰 것으로 바꿀 수 있나요? B 잠시만요. 확인해 드릴게요.

A Can I exchange this for a different color?
B Sorry, this is the only color that we have.
A 이거 다른 색상으로 교환 가능한가요? B 죄송합니다만, 그 상품은 이 색상밖에 없네요.

A I bought this yesterday, but it doesn't work.
B Would you like to have a refund?
A 이거 어제 샀는데 작동을 안 해요. B 환불해 드릴까요?

A I found a hole in the shirt. Can I exchange this for a new one?
B Sure. Sorry for the inconvenience.
A 셔츠에 구멍이 있는데, 새것으로 교환할 수 있나요? B 물론이죠. 불편하게 해드려서 죄송해요.

A Could I exchange this? It's too big for me.
B Would you try on this size?
A 이거 교환해 주시겠어요? 너무 크네요. B 이 사이즈로 입어 보시겠어요?

A I found a stain here. Can I have a new one?

B Sure. Would you wait for a second?

A 여기 얼룩이 있는데, 새것으로 주시겠어요? B 물론이죠. 잠시만 기다려 주시겠어요?

A I'd like to exchange this. Do you have this in a larger size?

B No, that's a one size fits all.

A 이것을 교환하고 싶은데, 큰 사이즈가 있나요? B 아니요, 그건 사이즈가 따로 없습니다.

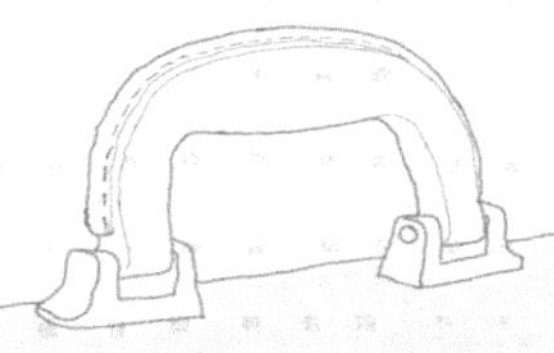

Travel Tips

여행에 필요한 비용을

모두 현금으로 환전해 가자니 불안한 마음에 신용 카드를 많이 사용하게 됩니다. 하지만 해외에서 신용 카드 사용 시 발생할지 모르는 사고 때문에 카드 사용이 불안한 건 사실입니다. 해외여행 시에는 필요한 카드만 가져 가고, 사용 승인이 문자 메시지로 통보되도록 설정해 두는 게 안전합니다. KTF나 SK 텔레콤의 경우 3G 휴대 전화기라면 대부분의 국가에서 따로 절차 없이 자동 로밍되므로, 카드 문자 서비스를 이용하면 본인이 사용한 카드 내역을 바로 확인할 수 있어 안심하고 여행할 수 있겠죠.

해외에서 신용 카드 사용 시 사용 내역을 휴대 전화로 확인할 수 있도록 하세요.

쇼퍼홀릭을 위한 해외 아울렛과 텍스 리펀드

해외 아울렛

아울렛은 물건값이 저렴하기 때문에 해외여행 시 반드시 들르게 되는 명소이기도 합니다. 시즌이 끝날 무렵이나 휴일, 추가 할인 기간에는 할인폭이 더 크므로 정상 판매가에 최고 90%까지 저렴하게 구입할 수도 있습니다. 외국 아울렛에서 산 물건의 경우 교환이나 환불이 힘들기 때문에 쇼핑 전 반드시 구입하고자 하는 브랜드의 치수를 정확하게 알아야 합니다. 각 나라에 따라 사이즈가 다르기 때문에 사고자 하는 브랜드의 사이즈를 미리 알아 두는 것이 좋습니다. 또 가격이 싸다고 무조건 구입하는 일이 없도록 미리 쇼핑 리스트를 작성해 두는 것도 한 방법입니다. 충동 구매한 물건은 금방 후회하는 경우가 많고, 사용하지 않을 물건을 구입하는 것은 싼 것이 아니기 때문이죠. 다음은 해외에서 유명한 아울렛 몰입니다.

홍콩 – 스페이스(Space)

프라다 제품을 싸게 입으려면 가봐야 할 곳입니다. 홍콩 MTR 지하철역 코즈웨이 베이 D2 출구나 소고 백화점에서 택시를 타고 영어 주소를 보여 주면 매장 입구까지 갈 수 있습니다. 이곳은 프라다와 미우미우 브랜드가 직접 운영하는 아울렛 몰로, 프라다 양복이나 셔츠, 가방 등을 정상가에서 최고 90%까지 할인 판매하기 때문에 쇼핑만을 위해 이 아울렛을 찾기도 합니다.

🏠 2F Marina Square, East Commercial Block, South Horizons, Aberdeen, Hong Kong

뉴욕 – 센트리 21(Centry 21)

뉴욕에는 명품을 저렴한 값에 구입할 수 있는 상점이 많은데, 그 중 하나가 뉴욕 센트리 21입니다. 아울렛 백화점으로 국내 백화점에서 구입할 수 있는 명품 신발 그리고 여성용 명품 가방과 남성용 캐주얼 의상, 정장을 저렴한 값에 구입 가능합니다. 시즌이 지난 상품들은 보통 50% 전후의 할인폭으로 판매하며, 최고 90%까지 할인하는 제품도 있습니다.

🏠 22 Cortlandt Street New York, NY 10007

런던 – 비세스터 빌리지(Bicester Village)

런던 시내에서 차로 1시간 거리에 위치한 명품 아울렛 마을인 런던 비스터 빌리지는 유럽에서 유일하게 디올 아울렛 매장이 있는 곳입니다. 이외에도 버버리, 페레가모, 셀린느 같은 영국과 유럽에서 인기 있는 명품 브랜드들이 모두 한자리에 모여 있으니 한 번쯤 가 볼만 합니다.

🏠 50 Pingle Drive Oxfordshire, OX26 6WD England

파리 - 라 발레 빌리지(La Valet Village)

파리 시내에서 차로 약 35분 거리이며, 디즈니랜드 바로 옆에 위치한 이 아울렛은 쇼핑과 관광을 동시에 즐길 수 있어 하루 나들이 코스로도 좋은 곳입니다. 발리, 페레가모 등 인기 있는 명품 브랜드는 물론 돌체 앤 가바나, 겐조 등의 명품 브랜드, 자딕 앤 볼테르, 아네스 베 등 프랑스 인기 패션 브랜드 제품을 최고 90%까지 할인된 가격에 구입할 수 있습니다. 빌리지 입구 안내 데스크에서 한국 여권을 보여 주면 10% 추가 할인받을 수 있는 VIP 카드를 즉석에서 발급받을 수 있으니 기억하세요.

🏠 3 Cours de la Garonne, 77700 Serris, Marne-la-Vallee, France

텍스 리펀드

해외에서 구입한 물건은 텍스 환급이 모두 가능한 것은 아니며, 텍스 환급을 받을 수 있다는 문구가 쓰여 있는 상점에서 구입한 물건에 한해 텍스 환급을 받을 수 있습니다. 값이 비싼 물건을 구입할 경우, 구입 전에 텍스 환급이 되는 물건인지 확인 후 구입하는 것이 안전합니다. 텍스를 환급받으려면 자신이 구입한 물건과 텍스 환급 양식서를 작성해야 합니다. 먼저 현지 공항에 도착해서 공항 지도를 확인하거나, 직원에게 문의하여 텍스 환급을 받을 수 있는 카운터가 어디에 있는지 확인하세요. 카운터에 비치되어 있는 텍스 환급 양식서를 작성하여 신청하면 됩니다. 카드로 환급액을 돌려받고 싶다면 양식서에 환급받을 신용 카드 번호를 적고 담당 직원에게 도장을 받은 후, 텍스 환급 용지를 함께 받은 봉투에 넣어 공항 우체통에 넣으세요. 일반적으로 환급을 처리하는 사무실 옆에는 작은 우체통이 비치되어 있으므로 그곳에 넣으면 됩니다. 우편물은 자신이 구매한 곳으로 배달되고 신용 카드나 결제되는 통장으로 텍스를 입금해 줍니다.

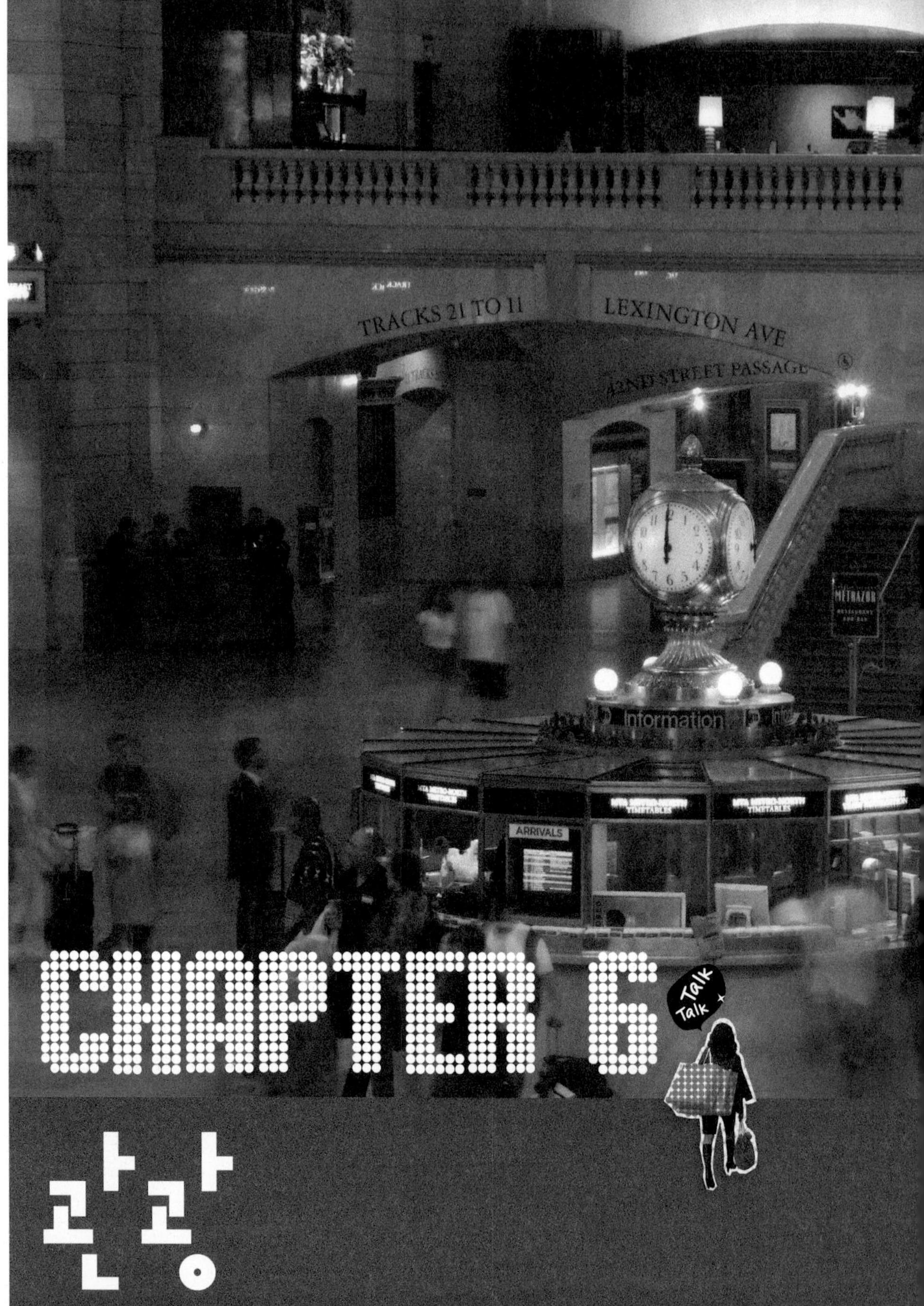
TRACKS 21 TO 11
LEXINGTON AVE
42ND STREET PASSAGE
Information
ARRIVALS
TIMETABLES
Talk Talk

CHAPTER 6

관광

UNIT 15 관광 정보 수집, 문의

UNIT 16 관광 시설 예약, 관광하기

UNIT 15 관광 정보 수집, 문의

관광지에서 여행하기 전에 가장 먼저 tourist information center(여행자 안내소)로 가 보는 게 좋습니다. 필요한 지도와 관광지 정보, 관광 상품 등의 안내를 먼저 받고 가야 여행할 때 유용합니다.

KEY EXPRESSIONS

❶ **How much is the admission fee?**
입장료는 얼마인가요?

❷ **You can take ____________.**

REAL DIALOGUE

A **May I help you?**
도와드릴까요?

B **I'd like to have a travel brochure.**
여행 안내 책자를 받고 싶어요.

A **Here you are.**
여기 있습니다.

B **Thanks. And I'd like to go to the Universal Studio. How much is the admission fee?**
고맙습니다. 유니버설 스튜디오를 가고 싶은데, 입장료는 얼마인가요?

A **It's $60 for adults.**
어른은 60달러예요.

B **I see. How can I get there?**
그렇군요. 그럼 그곳에는 어떻게 가나요?

A **You can take the shuttle bus at the major hotels in Anaheim.**
애너하임에 있는 주요 호텔들에서 셔틀버스를 타시면 됩니다.

B **Thanks for your help.**
도와주셔서 감사합니다.

□ **travel brochure** 여행 안내 책자 □ **admission fee** 입장료

Further Expressions

Where can I get some tourist information?
어디에서 관광 정보를 얻을 수 있나요?

Where is the tourist information center?
여행자 안내소가 어디에 있나요?

Can I get a downtown map?
시내 지도를 얻을 수 있나요?

Do you have a tourist map?
관광 지도가 있나요?

You can keep the map.
지도는 가져가셔도 됩니다.

Could you mark that on the map?
지도에 그곳을 표시해 주시겠어요?

Are there any brochures about the museums in London?
런던에 있는 박물관 안내 책자가 있나요?

Which museum is the most well-known?
어떤 박물관이 가장 잘 알려져 있나요?

Where are the popular tourist spots?
인기 있는 관광지가 어디인가요?

What are the major tourist attractions here?
이곳의 주요 관광지가 어디인가요?

Would you recommend any places to go to?
가 볼 만한 곳 좀 추천해 주시겠어요?

Is it too far to walk to?
걸어가기에는 너무 먼가요?

Do you have a city tour bus?
시내 관광버스가 있나요?

Can I have a timetable for the subway?
지하철 시간표를 받을 수 있나요?

What is the best way to get there?
그곳은 어떻게 가는 게 가장 좋은가요?

What's there to do in L.A.?
로스앤젤레스에서 할 만한 게 뭐가 있나요?

Where can I buy a ticket for a tour bus?
관광버스표는 어디에서 사나요?

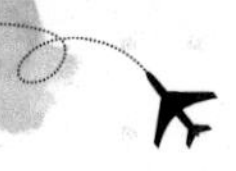

Do you have a city tour?
시내 관광이 있나요?

I'd like to go to the Big Island. Is there a package tour?
빅 아일랜드에 가고 싶은데, 패키지 관광이 있나요?

Do you have a day tour for Oxford?
옥스퍼드 일일 투어가 있나요?

Do you handle a group travel?
단체 여행이 있나요?

How long does the tour take?
그 관광은 시간이 얼마나 소요되나요?

Do you offer travel insurance with your packages?
패키지 상품에 여행 보험이 포함되어 있나요?

Where should I go to join the tour?
여행에 합류하려면 어디로 가야 하나요?

Do you have pick-up service available at ABC Hotel?
ABC 호텔에서 픽업 서비스가 가능한가요?

Does the package include a dolphin and seal sightseeing cruise?
그 패키지는 돌고래와 바다표범 관람 크루즈가 포함되어 있나요?

Does this price include tax?
이 가격은 세금을 포함한 것입니까?

Is lunch included on this tour?
이 관광 상품에 점심이 포함되나요?

When does the bus leave?
버스가 언제 출발하나요?

What time is the shuttle bus coming to pick me up?
셔틀버스는 몇 시에 데리러 오나요?

What time do we return?
몇 시에 돌아오나요?

Does this include the entrance[admission] fee?
입장료는 포함이 되어 있나요?

There is a restroom on the bus.
버스에 화장실이 있어요.

We'll leave in 30 minutes. Please be on time.
30분 후에 출발합니다. 제시간에 도착해 주세요.

Return to the bus no later than 11 o'clock.
11시 전까지 버스로 돌아오세요.

We'll be stopping here for lunch for 1 hour.
점심 식사를 위해 여기서 1시간 머물겠습니다.

The next destination is Calgary.
다음 관광지는 캘거리입니다.

It'll take about an hour to Seattle.
시애틀까지 1시간쯤 걸립니다.

» There's no map available. Do you have more?
지도가 없는데, 더 있나요?

» I missed the tour bus. What time does the next bus leave?
관광버스를 놓쳤어요. 다음 버스는 몇 시에 출발하나요?

1 관광 안내소

tourist information center 여행자 안내소
tourist brochure 관광 안내 책자
sightseeing map 관광 지도
tour bus 관광버스
city map 도시 지도
opening hour 개장 시간
museum 박물관
Natural History Museum 자연사 박물관
gallery[art museum] 미술관
zoo 동물원
castle 성
park 공원
exhibition 전시
travel agency 여행사
rental car[rent-a-car] 렌터카
recommend[suggest] 제안하다, 추천하다
tourist attraction 관광 명소
restroom 화장실

2 관광 상품

admission[entrance] fee 입장료
discount 할인하다
group discount 단체 할인
student discount 학생 할인
leisure 여가, 레저
party 일행
itinerary 여행 일정
travel insurance 여행 보험
half day tour 반나절 관광
full day tour 하루 관광
package tour 패키지 관광
day trip 당일 여행
helicopter tour 헬리콥터 관광
sightseeing bus tour 관광버스 투어
boat tour 보트 투어
train rail tour 기차 투어
trolley bus tour 트롤리버스 투어
cruise 크루즈
excursion 관광(유람) 여행
kayak 카약
canoe 카누
rafting 레프팅
hiking 하이킹
bungee jump 번지 점프
mountain bike 산악 자전거
horseback riding 승마
snowboarding 스노보드
skiing 스키
dog sledding 개썰매
seaplane 수상 비행기
water-skiing 수상 스키
snorkeling 스노클링
skydiving 스카이 다이빙
scuba diving 스쿠버 다이빙
winery 포도주 양조장
hot spring[spa] 온천
canyon[gorge] 협곡
aquarium 수족관

3 관광 상품 예약

rate 요금
tour date 관광 날짜
book[reserve] 예약하다
senior 노인
infant 유아
depart 출발하다
budget 예산

tour price 관광 요금
testimonial (여행사의) 증명서, 보증서
adult 어른
child 아이
duration 기간
gratuity[tip] 팁
special offer 특가 판매

SIGN ENGLISH

관광객이 많은 찾는 도시에는 주요 관광지들을 도는 시내 관광버스가 있습니다. 런던과 뉴욕에는 2층이 뚫린 버스, 호주 멜버른은 트램, 하와이는 특이한 모양의 작은 트롤리버스가 있습니다. 관광 명소로 잘 알려진 장소들을 순환하는 버스이기 때문에 일일권을 사면 하루 종일 이용할 수 있습니다. 미리 버스 시간표를 확인하면 기다릴 필요 없이 이용할 수 있으며, 관광지에 따라 관광버스 이용자들에게 무료 쿠폰이나 할인을 제공하기도 합니다.

Short Dialogues

A Where is the information center?
B It's across the street.
A 관광 안내소가 어디에 있나요? B 길 건너편에 있어요.

A Would you recommend some places to visit?
B Okay. What's your interest?
A 가 볼 만한 곳을 추천해 주세요. B 네, 어떤 것을 좋아하세요?

A I'm interested in fine arts.
B Then you should go to the Getty Center. It's free.
A 순수 미술에 관심이 있어요. B 그럼 게티 센터에 가 보세요. 무료예요.

A I love snorkeling. Where should I go?
B You should go to Shark Cove on North beach.
A 스노클링을 좋아하는데, 어디가 좋을까요? B 북쪽 해안의 샤크 코브를 가 보세요.

A Is this the beach where I can see turtles?
B Yes, this is the right place.
A 여기가 거북이를 볼 수 있는 해변인가요? B 네, 바로 이곳입니다.

A Where is the best place for nightlife?
B You should go to the beach area, there are some good clubs.
A 밤 문화를 즐기기에 가장 좋은 곳은 어디인가요? B 해변가로 가 보세요. 유명한 클럽이 몇 군데 있어요.

A Where should I go for the night view?
B Seattle Tower is the best place.
A 야경을 보려면 어디로 가야 하나요? B 시애틀 타워가 가장 좋은 곳이죠.

A Are there any discounts available for students?
B Yes, you can get 10% off.
A 학생 할인이 있나요? B 네, 10% 할인됩니다.

A When does the Sydney Aquarium open?

B It's open at 9 a.m.

A 시드니 수족관이 몇 시에 개장하나요? B 오전 9시요.

A When does this museum close?

B We're closed at 5 p.m.

A 이 박물관은 언제 닫나요? B 오후 5시에 닫습니다.

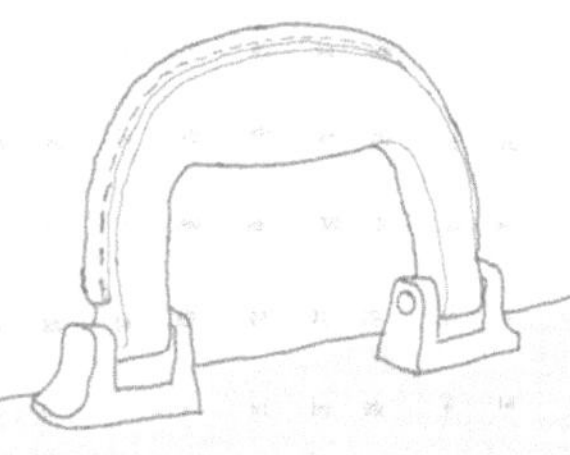

Travel Tips

미국 샌디에이고 대학교에서

방학 동안 연수가 있었습니다. 한 지인에게 받은 야구 경기표를 받아 갔는데, 한국에서도 야구를 별로 좋아하지 않음에도 불구하고 미국에서 야구 경기를 관람하니 색다른 경험이었습니다. 주로 가족 혹은 친구들과 와서 경기를 즐기는 모습이었고, 중간 중간 이어지는 응원 열기가 대단했습니다. 무엇보다 한국인 투수, 차승백 선수가 선발로 출전해 재미를 더한 경기가 아니었나 싶습니다. 미국인들의 열기를 느끼려면 야구장이나 미식 축구장을 가 보시길 추천합니다. 또한 코스프레에도 참여해 보세요. 코스프레는 7월에 샌디에이고 박람회장에서 열리는데, 표를 미리 예매해 두어야 관람할 수 있지만 표를 구하지 못한 경우라도 박람회장을 오가는 참가자들을 만나는 것만으로도 즐거운 경험이 될 것입니다.

야구에 열광하는 미국인들의 열정을 보려면 야구 경기장에 꼭 가 보세요.

미국 샌디에이고에서 7월에 열리는 코스프레에도 참여해 보세요.

UNIT 16 관광 시설 예약, 관광하기

런던이나 뉴욕, 라스베이거스 등의 관광지에서는 다양한 공연을 관람할 수 있습니다. 유명한 공연은 미리 예매를 해 두어야 좋은 좌석에서 관람이 가능하겠죠. 체류 기간이 짧은 경우 직접 예매하기 어렵다면 인터넷이나 전화로도 예매 가능합니다.

KEY EXPRESSIONS

❶ **I'd like to book a ticket for ______**
~ 표를 예매하고 싶은데요.

❷ **It's all sold out.**
모두 매진되었습니다.

REAL DIALOGUE

A **I'd like to book a ticket for** Phantom of the Opera. Are there any seats left?
오페라의 유령 표를 예매하고 싶은데, 자리가 있나요?

B We're sorry, **it's all sold out** for tonight.
죄송합니다만, 오늘 밤 공연은 모두 매진되었습니다.

A Then, can I reserve the seats for tomorrow?
그럼, 내일 공연을 예매할 수 있나요?

B Sure. We have a few seats in the front.
물론이죠. 앞좌석이 몇 개 남아 있습니다.

A That sounds good. How much are the tickets?
잘됐군요. 표가 얼마죠?

B It's $65 per person. How many tickets do you want to reserve?
1인당 65달러입니다. 표는 몇 장을 예매하시겠어요?

A Two, please. When does the show start?
두 장이요. 공연은 언제 시작하나요?

B It starts at 8 p.m.
오후 8시에 시작합니다.

□ **be sold out** 매진되다

Further Expressions

Are there any tickets available for tonight?
오늘 밤에 표가 있나요?

Any seats left for tonight?
오늘 밤에 남는 좌석이 있나요?

Can I get a ticket for Mama Mia?
맘마미아 표를 구할 수 있나요?

Three tickets for Harry Potter, please.
해리포터 표 3장 주세요.

Sorry, we're sold out.
죄송합니다만, 매진됐습니다.

Are there any seats left in the middle?
가운데 좌석이 남아 있나요?

I'd like a seat in the back.
뒤쪽 좌석으로 주세요.

How many seats are available?
좌석이 얼마나 남아 있나요?

There are no seats in a row.
함께 앉을 수 있는 좌석은 남아 있지 않습니다.

Where are the best seats you have now?
현재 있는 가장 좋은 자리는 어디인가요?

Can I get a brochure?
안내 책자를 받을 수 있나요?

Do you have this brochure in Korean?
한국어로 된 안내 책자가 있나요?

Is the Korean audio guide available?
한국어 오디오 설명이 가능한가요?

I have one plus one coupon. Can I use this?
1+1 쿠폰이 있는데, 사용 가능한가요?

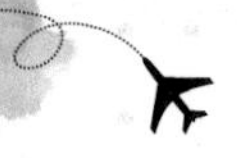

It's 15 dollars per person.
1인당 15달러입니다.

Is there a locker available?
사물함을 사용할 수 있나요?

Can I rent a life jacket here?
구명조끼를 빌릴 수 있나요?

Is this musical on tonight?
이 뮤지컬은 오늘 밤에 상영하나요?

When does the movie start?
영화가 언제 시작하나요?

When does this film end?
이 영화는 언제 끝나나요?

Is this movie for children too?
이 영화는 어린이도 관람 가능한가요?

Can I bring in food and drinks?
음식물 반입이 가능한가요?

How long does this show run for?
이 공연은 시간이 얼마나 소요되죠?

Is there an intermission?
공연 중간에 휴식 시간이 있나요?

How long is the intermission?
중간 휴식 시간이 얼마나 되나요?

Would you help me find my seat?
자리를 찾도록 도와주시겠어요?

Is this seat taken?
여기 자리 있나요?

Excuse me, would you save my seat?
죄송합니다만, 제 자리 좀 맡아 주시겠어요?

I'm afraid this is my seat.
여긴 제 자리인 것 같은데요.

Please stop kicking my seat.
제 좌석을 발로 차지 마세요.

Where is the bathroom?
화장실이 어디인가요?

Where can I leave my baggage?
제 짐을 어디에 맡겨야 하나요?

Which teams are playing?
어느 팀이 경기하나요?

Can I take a picture here?
여기서 사진 찍어도 되나요?

No flash, please.
플래시 사용하지 마세요.

- I'd like to cancel the reservation. 예매를 취소하고 싶은데요.
- Can I change this ticket for tomorrow? 이 표를 내일로 바꿀 수 있나요?
- I lost the ticket. 표를 잃어버렸어요.
- Where is the Lost and Found? 분실물 센터가 어디인가요?
- Would you keep your voice down? 목소리 좀 낮춰 주시겠어요?

Further VOCABULARY

1 예매

book[reserve] 예약하다
play 연극
opera 오페라
concert 콘서트
in a row 한 줄로
student 학생
sold-out 매진
half price ticket office 할인표 예매소
intermission 중간 휴식
musical 뮤지컬
movie[film] 영화
ballet 발레
showtime[running time] 상영 시간
adult 성인
child 어린이
ticket office[box office] 매표소
special offer 특별가

2 영화 관람

movie theater 극장
ticket price 표값
showing 상영
[1]movie rating system 영화 등급제
snack bar 매점
popcorn 팝콘
hotdog 핫도그
latest movie 최신 영화
upcoming movie 상영 예정 영화
comedy 코미디
horror 공포 영화
3D movie 3D 영화
adventure 모험
starring role 주연 배우
actor / actress 배우 / 여배우
trailer[preview] 영화 예고편
coming attraction 다음 작품
sitting plan 좌석 배치도
release 개봉하다
movie ticket 영화표
drive-in theater 자동차를 탄 채 보는 야외 극장
synopsis 줄거리
subtitle 자막
soda[soft drink] 탄산음료
nacho 나초
restroom 화장실
current movie 현재 상영 영화
genre 장르, 종류
romantic comedy 로맨틱 코미디
action 액션
family-friendly movie 가정용 영화
director 감독
star 주연하다
performance 연기
movie title 영화 제목
seat 좌석
screen 화면
release date 개봉일

[1] NC-17: 17세 미만 관람 금지, R-rated: 17세 미만은 성인 보호자 없이 관람 불가, PG-13: PG(Parental Guidance) 부모 동반 13세 미만, G: 전 연령 관람 가능

3 공연장, 경기장

matinee show 낮 공연
playbill 공연 안내 팸플릿
will-call (공연장 등에서) 물건을 맡아두는 곳
baseball stadium[field] 야구 경기장
stage 무대
audio guide 오디오 가이드
First come, first served. 선착순
evening show 저녁 공연
ticket agency 매표소
soccer stadium 축구 경기장
audience 관중, 관객
standing ovation 기립 박수
masterpiece 걸작

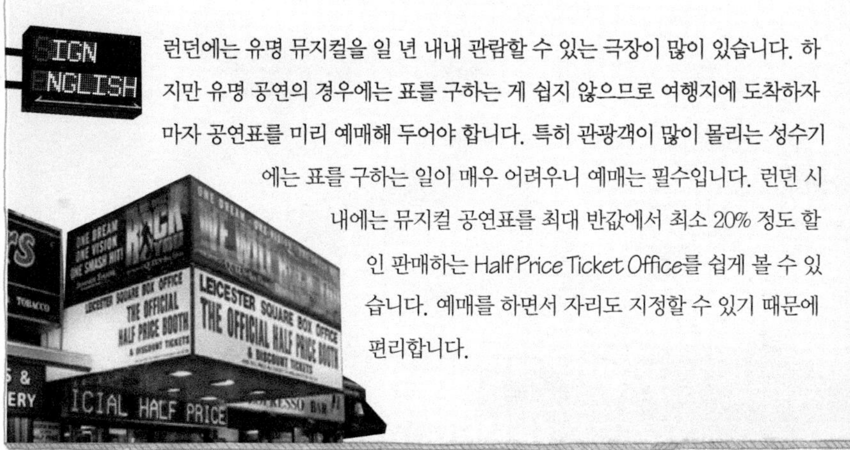

런던에는 유명 뮤지컬을 일 년 내내 관람할 수 있는 극장이 많이 있습니다. 하지만 유명 공연의 경우에는 표를 구하는 게 쉽지 않으므로 여행지에 도착하자마자 공연표를 미리 예매해 두어야 합니다. 특히 관광객이 많이 몰리는 성수기에는 표를 구하는 일이 매우 어려우니 예매는 필수입니다. 런던 시내에는 뮤지컬 공연표를 최대 반값에서 최소 20% 정도 할인 판매하는 Half Price Ticket Office를 쉽게 볼 수 있습니다. 예매를 하면서 자리도 지정할 수 있기 때문에 편리합니다.

Short Dialogues

A May I help you?

B I'd like to book an Oahu daily tour.

A 무엇을 도와드릴까요? B 오하우 일일 관광을 예약하고 싶어요.

A When are you planning to go on a trip?

B On Friday, please.

A 언제 관광하실 건가요? B 금요일요.

A We'll pick you up at 8 o'clock in front of the hotel.

B Thanks. I'll be there.

A 호텔 앞으로 8시에 데리러 가겠습니다. B 감사합니다. 거기에 있을게요.

A Hello. I'd like to change the reservation.

B Can I have your ticket?

A 안녕하세요. 예약을 변경하고 싶은데요. B 표를 주시겠어요?

A Where can I rent a golf club?

B Please go to the first floor.

A 골프채는 어디서 빌릴 수 있나요? B 1층으로 가세요.

A I'd like to book a time-slot for scuba diving.

B Would you fill out this form?

A 스쿠버 다이빙을 예약하고 싶어요. B 이 양식서를 작성해 주세요.

A Sorry, the show for tonight is sold out.

B How about tomorrow?

A 죄송하지만, 오늘 밤 공연은 매진됐습니다. B 내일은요?

A I have a student card. Can I get a discount?

B Sure. It's 8 dollars plus tax.

A 학생증이 있는데, 할인받을 수 있나요? B 네, 8달러이고 세금은 별도입니다.

A I'd like to reserve two seats for Cats this Saturday.

B We have just two seats near the front.

A 이번 토요일에 캣츠 표 2개를 예매하고 싶어요. B 앞쪽에 딱 2좌석이 남아 있습니다.

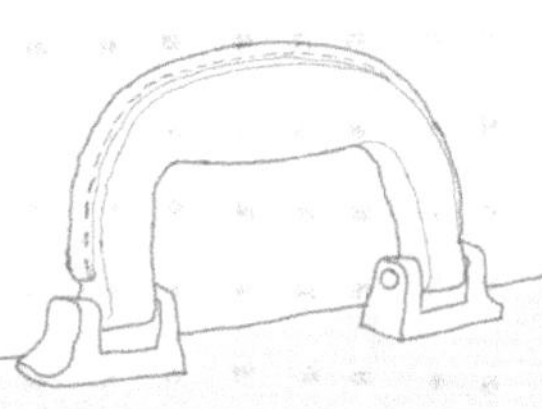

Travel Tips

패키지여행이 아닌

배낭여행의 경우 중심 지역이 아닌 교외 지역으로 여행 시 약간의 어려움이 있습니다. 이 경우 자동차를 대여할 수도 있겠지만, 해외에서 운전하는 것이 부담스럽다면 현지 여행사를 이용할 수 있습니다. 현지에서 이용할 수 있는 여행사는 크게 한인 여행사와 배낭여행족을 위한 여행사가 있으니 장단점을 확인한 후 이용하는 게 좋습니다. 한인 여행사의 경우 한국인 가이드와 한식을 제공한다는 장점이 있지만, 소규모로 운영하는 경우에는 원하는 날짜에 이용하지 못하게 되는 경우가 발생할 수도 있습니다. 배낭여행족을 위한 여행사는 유명 여행지를 별도의 가이드 없이 버스 운전사의 설명과 함께 관광을 하는 형식이 많은데, 가격도 저렴하고 매일 운행하므로 현지에 도착해서도 예약이 가능합니다. 버스 투어의 경우 버스 앞쪽에 출발 시간이 적혀 있으니, 내리기 전에 잊지 말고 확인해야 다른 사람들에게 불편을 주지 않겠죠.

배낭여행 시 현지에 있는 여행사를 통해 관광하는 것도 좋아요.

다양한 볼거리로 가득한 각 나라의 축제

이탈리아 베니스 가면 축제(Venice Mask Festival) : 2/9~2/20

유럽의 가장 유명하고 매혹적인 축제 중 하나인 베니스 가면 축제는 전통 가장 무도회와 정교한 18세기 복장을 부활한 것으로, 산 마르코 광장과 극장, 유명한 캄피(Campi) 등에서 뮤지컬, 연극, 곡예, 댄스 공연 등이 펼쳐집니다. 이 기간에는 1백만 명 이상의 관광객들이 몰려 베니스의 좁은 골목길을 가득 채우게 됩니다. 뮤지컬, 댄스 공연을 관람하고 가면을 직접 쓰고 축제에 참여해 보세요.

이탈리아의 베니스 가면 축제

영국 에든버러 프린지 축제(Edinburgh Festival Fringe) : 8월

영국뿐 아니라 유럽에서도 큰 축제로 자리잡은 이 축제에서는 연극, 무용, 오페라, 오케스트라, 미술품 전시, 등불 행렬, 거리 공연 등 5백 개가 넘는 다양한 공연을 경험할 수 있습니다. 에든버러 프린지 축제는 영국의 약 650개의 예술 문화 축제 중 영국의 문화를 대표하며, 규모와 수준에 있어서 최고를 자랑합니다.

런던의 노팅힐 카니발(Notting Hill Carnival) : 8월 마지막 주 월요일

유럽 최대의 거리 축제로 자리잡은 런던 노팅힐 카니발은 카리브 해 출신의 흑인 이주자들이 전통 복장을 입고 노래를 부르고 춤을 추면 거리를 행진한 것에서 비롯되었습니다. 이후 이 지역의 흑인들은 해마다 8월 마지막 주 월요일인 뱅크 홀리데이에 노래를 부르고 춤을 추며 퍼레이드를 벌였는데, 이 퍼레이드가 널리 알려지면서 지금의 세계적인 축제로 발전했습니다. 축제 기간은 2~4일이며, 8월 마지막 주 월요일까지 열립니다. 행사 주제는 해마다 달라지며, 카니발을 보기 위해 매년 세계 각국에서 100만 명이 넘는 사람들이 찾는 큰 축제입니다.

스위스 취리히 - 섹세로이텐 축제(Sechselauten Festival) : 4월

취리히의 오랜 민속 축제이며, 매년 4월 셋째 주말에 열립니다. '섹세로이텐'은 '여섯 시에 울리는 종소리'라는 뜻이며, 일요일 오후 어린이들이 전통 의상을 입거나 어른들이 직접 만든 의상을 입고 가장 행렬을 하는 것으로 축제가 시작됩니다. 또한 25개의 길드 회원들이 각 조합의 특색을 나타내는 의상을 입고 악대를 동반하여 음악을 연주하는 거리 행진도 관람할 수 있습니다.

중국 용선제(Dragon Boat Festival) : 5월

중국뿐 아니라 홍콩, 베트남, 캄보디아 등의 동남아시아에서는 단옷날에 용선제가 개최됩니다. 홍콩에서 개최되는 용선제에는 최근 미국, 캐나다, 호주 등의 외국인들도 팀을 이루어 용선제에 참여합니다. 용선은 용의 모양을 한 배로 앞머리에는 북을 치며 선수를 지휘하는 고수가 타고 노를 젓는 사람들이 빠른 동작으로 물살을 가르며 배를 운행합니다. 북소리와 빠른 배의 움직임을 즐길 수 있습니다.

독일 뮌헨 맥주 축제(Oktoberfest) : 10월

맥주 축제(Oktoberfest)는 1516년 바이에른 왕국의 빌헬름 4세가 맥주 원료의 순수령을 제정한 이후 사육제, 부활절, 국민 축제, 종교 행사 등에 맥주가 필수적인 국민적 음료로 자리잡은 후부터 시작되었습니다. 10월 첫째 주 일요일이 축제의 마지막 날인데, 축포가 울려 퍼지는 가운데 뮌헨 시장이 맥주통을 산더미처럼 실은 화려한 장식의 마차를 타고 나타나 그해 첫 맥주통의 마개를 따는 것으로 10월 축제가 시작됩니다. 축제가 벌어지는 곳에는 수많은 맥주 회사들이 설치한 대형 텐트들로 장관을 이루며, 세계 전역에서 온 사람들로 붐비게 됩니다. 바이에른 전통 의상을 입은 악단의 연주에 맞추어 모든 관객들이 유쾌하게 합창하고 춤을 추며 축제를 즐깁니다.

스페인 토마토 축제(La Tomatina Festival) : 8월 마지막 주 수요일

1944년에 스페인의 토마토값이 폭락한 것에 대해 분노한 농민들이 시 의원들에게 분풀이를 하기 위해 토마토를 던지기 시작한 것에서 유래했으며, 부놀(Bunol)이라는 작은 마을에서 열립니다. 축제에 온전히 참여하기 위해서는 옷을 간편하게 입고 물안경도 준비하는 것이 좋습니다. 토마토는 그냥 던지면 다칠 수 있으므로 터트려서 던지는 게 좋으며, 토마토를 던지다 보면 무릎까지 쌓일 정도의 양이 되는데 2시간 정도가 지나면 폭죽 소리가 들리며 축제가 끝나게 됩니다.

스페인의 토마토 축제

미국 핼러윈 데이(Halloween Day)

고대 켈트인의 삼하인(Samhain) 축제에서 비롯된 이 축제는 죽음의 신인 삼하인을 찬양하고 새해와 겨울을 맞는 축제입니다. 이날 밤에는 죽은 사람들의 영혼이 그들의 집으로 돌아온다고 믿습니다. 밤이 되면 아이들은 도깨비, 마녀, 해적 등으로 가장한 채 집집마다 돌아다니며 'Trick or Treat'라고 말하면서 초콜릿이나 캔디를 받아 갑니다. 그리스도교의 전파와 함께 할로윈 축제는 모든 성인의 날 대축일 전날 밤의 행사로 자리잡았으며, 오늘날에는 미국 어린이들의 축제로 유명하게 되었습니다. 잭 오랜턴(Jack O'Lantern)은 속을 도려낸 큰 호박에 악마의 얼굴 모습을 새기고, 그 안에 초를 고정시켜 놓은 것으로 할로윈의 상징물입니다.

미국의 핼러윈 데이

CHAPTER 7

공공시설 및 편의시설 이용

UNIT 17 전화, 우체국

UNIT 18 환전, 은행, ATM

UNIT 17 전화, 우체국

호주로 여행을 갔던 친구가 로밍 비용으로 60만 원을 지불했다는 이야기를 들은 적이 있는데, 세계 어느 곳에서나 로밍이 가능하긴 하지만 그 비용은 만만치 않습니다. 가족과 친구들에게 연락할 일이 있을 때는 국제 전화 카드를 이용해 보세요. 카드에 따라 요금이 다양하게 적용되고, 해외 연결 비용이 추가로 발생할 수 있기 때문에 꼼꼼히 살펴봐야 합니다.

KEY EXPRESSIONS
❶ It's ______ per minute.
1분에 ~예요.
❷ It's free.

REAL DIALOGUE

A **Excuse me. Can I get an international phone card here?**
실례합니다. 여기서 국제 전화 카드를 살 수 있나요?

B **Sure. Where will you be calling?**
물론이죠. 어디로 전화를 거실 건가요?

A **I'd like to call to Seoul, Korea. What's the charge per minute?**
한국 서울로 전화를 걸려고요. 1분에 요금이 얼마인가요?

B **This card has the best rate. It's 40 cents per minute.**
이 카드가 요금이 가장 좋네요. 1분에 40센트예요.

A **Does this card charge an extra connection fee?**
해외 연결 비용이 추가로 발생하나요?

B **No. It's free.**
아니요. 무료입니다.

A **A 10-dollar international phone card, please.**
10달러짜리 국제 전화 카드 주세요.

□ **international phone card** 국제 전화 카드 □ **connection fee** 연결 비용

Further Expressions

Can I have change?
동전으로 바꾸어 주시겠어요?

Could you change this bill to small change?
= *Can you break this bill?*
이 지폐를 동전으로 바꿔 주시겠어요?

How much would it cost for a local call?
시내 통화는 얼마인가요?

May I use this phone?
이 전화기 좀 사용해도 되나요?

Local calls are free.
시내 통화는 무료입니다.

Local calls cost 50 cents without a limit.
시내 통화는 시간 제한 없이 50센트입니다.

Where can I get an international phone card?
국제 전화 카드를 어디에서 구입할 수 있나요?

I'd like to call to Seoul, Korea.
= *I'm calling to Seoul, Korea.*
서울로 전화 걸고 싶은데요.

A 10-dollar international phone card, please.
10달러짜리 국제 전화 카드 주세요.

How can I use it?
= *Would you explain how to use it?*
어떻게 사용하나요?

The description is on the back of the card.
설명은 카드 뒷면에 나와 있어요.

What's the charge per minute?
1분에 얼마인가요?

What's the country code of Korea?
한국의 국가 번호 좀 알려 주시겠어요?

국제 전화 카드를 사면 다음과 같이 카드 뒷면에 사용법이 설명되어 있으니 잘 읽어 본 후 사용하세요.

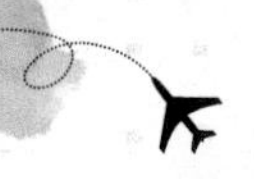

Dial local or toll free access number.
지역 연결 번호나 수신자 부담 전화번호(연결 요금 없는 번호)를 누르세요.

When you hear the prompt, you can select another prompt language:
안내를 듣고 싶은 언어를 선택하세요.

Press *0 for English; *1 for Spanish; *2 for Korean; *3 for Japanese; *4 for Mandarin.
*영어는 0번, 스페인어는 1번, 한국어는 2번, 일본어는 3번, 중국어는 4번을 누르세요.

Enter your PIN number and wait for the prompt.
비밀번호를 누르신 후 안내를 기다리세요.

Dial your destination number:
전화하고자 하는 곳의 번호를 누르세요.

– For International Calls: 011 + Country Code + City Code + Phone Number.
국제 전화는 011 + 국가 번호 + 도시 번호 + 전화번호.

– For calls to/within the US and Canada 1 + Area Code + Phone Number.
미국이나 캐나다 내에서 전화할 때는 1 + 지역 번호 + 전화번호

If no connection is established in 30 seconds:
30초 내에 전화 연결이 되지 않는 경우에는

Press star, star, pound, zero(**#0) and the number will automatically redial.
별표를 두 번, 우물 정자와 0번을 누르신 후 다시 번호를 누르세요.

To dial a different number after a call is complete:
전화가 끝난 후에 다른 번호로 전화를 걸고 싶으실 때는

Stay on the line, press star, star(**), then dial the new number.
끊지 말고 별표를 두 번 누르신 후 다시 번호를 누르세요.

Where is the post office?
우체국이 어디인가요?

Where is the mailbox[postbox] near here?
여기에서 가까운 우체통이 어디인가요?

Do you ship overseas?
해외로 배송이 되나요?

Can I have airmail envelopes?
항공 봉투를 살 수 있나요?

A 2-dollar stamp, please.
2달러짜리 우표 하나 주세요.

Do you sell commemorative stamps?
기념우표를 파나요?

It's 2 dollars and 50 cents.
2달러 50센트입니다.

I'd like to send this letter to Korea.
= I want to mail this letter to Korea.
이 편지를 한국으로 보내고 싶어요.

By express mail, please.
빠른우편으로 해주세요.

I'd like this mail registered.
이걸 등기 우편으로 보내고 싶어요.

When is this supposed to arrive there?
이거 언제 그곳에 도착하나요?

How long does it take?
얼마나 걸리나요?

It'll take about 7 days.
7일 정도 걸릴 거예요.

How much does it cost to deliver this parcel abroad?
이 소포를 해외로 보내려면 비용이 얼마나 드나요?

It depends on how much it weighs.
무게에 따라 다릅니다.

It's fragile. 깨지기 쉬운 물건이에요.

What's inside this parcel?
이 소포에는 뭐가 들어 있나요?

They're all personal goods.
모두 개인 용품이에요.

Please give me the receipt.
영수증을 주세요.

- It keeps on making a funny noise. 전화기에서 계속 이상한 소리가 나요.
- The phone is out of order. 전화기가 고장 났어요.
- Sorry, you've got the wrong number. 죄송하지만 전화 잘못 거셨네요.
- We don't have anyone by that name. 그런 이름을 가진 분은 아무도 없어요.
- I'd like to insure for this. 이 물품에 보험을 들고 싶어요.

Further VOCABULARY

1 공중전화

pay phone 공중전화
long distance call 시외 통화
[1]calling card 전화 카드
toll free number 수신자 부담 전화
yellow pages[telephone directory] 전화 번호부
local call 시내 통화
deposit 보증금
coin release 동전 반환
emergency number 비상 전화 번호

❶ 영국에 있는 영국 통신과 회사가 BT인데, 영국 내에서 공중전화를 이용할 때는 전화 카드를 구입해서 이용하는 게 저렴합니다. 간단한 통화라도 동전을 사용하게 되면 1파운드 이상의 금액을 지불해야 하므로 미리 서점에서 전화 카드를 구입하세요.

2 국제 전화 카드

international calls 국제 전화
dial 전화 걸다
press 누르다
connection fee 연결 비용
rounding 최소 사용 시간 단위
prompt language 안내 언어
Korean 한국어
Mandarin 중국어
PIN number 비밀번호
star(*) 별표
[1]international phone card 국제 전화 카드
redial 전화를 다시 걸다
rate 요금
toll-free access 연결 비용 없음
validity period 유효 기간
English 영어
Spanish 스페인어
Japanese 일본어
destination number 전화하려는 번호
pound(#) 우물 정자

❶ 해외에 가면 국제 전화 카드를 판매하는 작은 상점이 많이 있습니다. 상점 앞에 붙어 있는 포스터 설명만 보고 가장 저렴한 카드를 구입하면 다른 조건들 때문에 더 비싸게 비용이 드는 경우도 있습니다. 가장 안전한 방법은 해외에 있는 한인 마트에서 가장 많이 팔리는 카드를 구입하는 것인데, 한국으로 전화를 많이 거는 한국인들이 추천해 주는 카드가 비용이 좀 더 비싸 보이더라도 통화 품질이나 연결 비용 등을 고려할 때 더 이익이 되기도 합니다.

3 우편물

mail 우편
sea mail 선편
envelope 봉투
sender 발신자
address 주소
airmail 항공 우편
oversea postcard 해외 엽서
stamp 우표
receiver 수신자
zip code 우편 번호

return address 반송 주소
postage 우편 요금
shipping charge 운반비
package[parcel] 소포
letter[mail] carrier 우체부
express mail 빠른우편
handling charge 수수료
insurance charge 보험비
mailbox[postbox] 우체통

SIGN ENGLISH

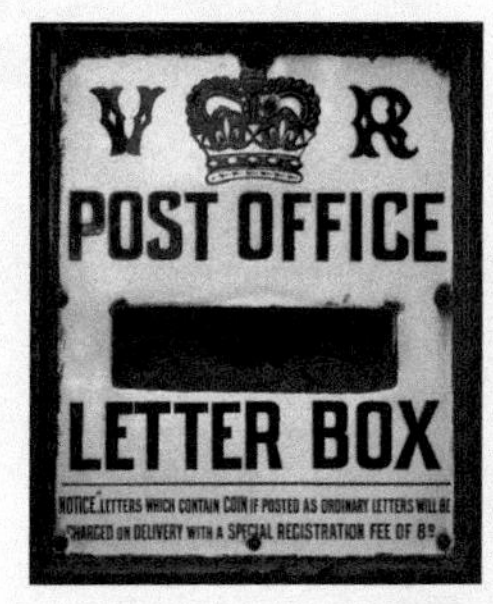

여행을 하다보면 짐이 많이 늘어나게 되는 경험을 많이 했을 겁니다. 특히 여행 기간이 길어질수록 이런 일이 생기게 됩니다. 항공사에서 허락한 수하물보다 초과되는 경우 kg당 초과 운임을 지불해야 합니다. 해외 항공사일수록 이 규정을 더 엄격하게 지키는 편이므로, 초과 운임을 지불하기보다는 미리 우체국에서 배편으로 짐을 보내는 것도 한 가지 방법입니다. 배편을 이용하면 시간은 좀 더 걸릴 수 있지만 저렴한 값에 이용할 수 있습니다. 이때 주의해야 할 것은 귀중품처럼 값이 비싼 것은 넣지 말고, 보내는 짐의 총 금액을 너무 높게 기입하지 말아야 한다는 것입니다. 이 금액에 따라 추후에 세관에 비용을 지불하게 될 수도 있습니다.

Short Dialogues

A Is there a pay phone around here?
B Yes. Go straight and there is one in front of the bus stop.

A 이 근처에 공중전화가 있나요? B 네, 직진하시면 버스 정류장 앞에 하나 있어요.

A What's the airmail postage to Korea?
B Let me weigh it. It's 1 dollar and 20 cents.

A 한국에 항공 우편을 보내려는데 얼마인가요? B 무게를 재보겠습니다. 1달러 20센트입니다.

A Can I buy stamps here?
B Sorry, we don't sell stamps here.

A 여기서 우표를 살 수 있나요? B 죄송합니다만, 여기서는 우표를 팔지 않습니다.

A How can I help you?
B Would you mail this postcard to Korea?

A 무엇을 도와드릴까요? B 이 엽서를 한국으로 부쳐 주시겠어요?

A Next, please.
B I'd like to have five 45-cent stamps.

A 다음 분 오세요. B 45센트짜리 우표 5장 주세요.

A How long would it take to get to Korea?
B Probably 5 business days.

A 한국에 도착하려면 얼마나 걸릴까요? B 영업일로 5일 정도 걸립니다.

A I'd like to send this package to Korea.
B By ship or airplane?

A 이 소포를 한국으로 보내고 싶어요. B 배편으로 보내시겠어요, 항공편로 보내시겠어요?

A What does it contain?

B Just clothes and books.

A 어떤 물건이 담겨 있나요? B 옷과 책들뿐이에요.

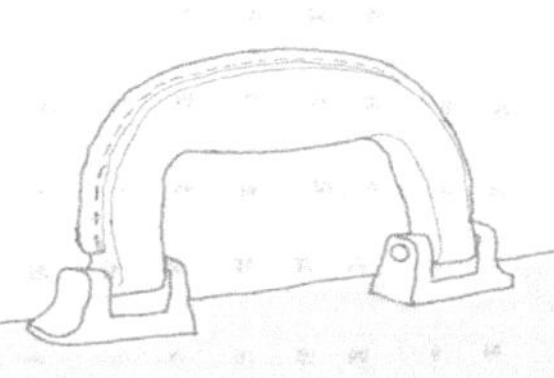

Travel Tips

여행지에서

가족이나 친구들에게 편지를 보내면 오래도록 기억에 남는 선물이 되겠죠. 하지만 요즘은 편지를 보내는 일이 많이 줄어들어서인지 미국에서도 우체국을 찾기가 쉽지 않습니다. 지역 주민들에게 물어보니 기본적인 우표 구입은 쇼핑센터나 대형 슈퍼마켓에서도 가능하다고 하더라고요. 어렵게 우표는 구입했는데 이번엔 우체통을 찾기가 어려워서 한참 동안 우편물을 들고 다녀야 했던 기억도 있습니다. 미국의 경우 우체국 영업시간은 주마다 각기 다르긴 하지만 일반적으로 8:30~17:00시입니다.

현지에서 친구나 가족에게 기억에 남도록 편지를 보내 보세요.

UNIT 18 환전, 은행, ATM

한 곳이 아닌 유럽처럼 여러 나라를 여행하는 경우, 예전에는 각국의 통화를 계속 환전해야 했지만 유로화가 도입된 이후에는 이러한 번거로움이 없어졌습니다. 현금이 더 필요한 경우에 대비해서 미리 한국에서 해외에서도 인출 가능한 현금 카드를 발급받아 가는 것이 좋습니다.

KEY EXPRESSIONS

❶ **Can I exchange money here?**
여기에서 환전할 수 있나요?

❷ **How would you like your bills?**
지폐를 어떻게 드릴까요?

REAL DIALOGUE

A **Can I exchange money here?**
여기에서 환전할 수 있나요?

B **Sure. Do you have a bank account here?**
네, 저희 은행 계좌가 있으신가요?

A **No, I don't have one. How much is the exchange fee?**
없어요. 환전 수수료가 얼마인가요?

B **It's three dollars.**
3달러입니다.

A **Would you exchange this into Canadian dollars?**
이것을 캐나다 달러로 환전해 주시겠어요?

B **How would you like your bills?**
지폐를 어떻게 드릴까요?

A **I'd like all twenty dollars, please.**
모두 20달러짜리 지폐로 주세요.

□ **bank account** 은행 계좌　□ **exchange fee** 환전 수수료

Further Expressions

I'm looking for a bank. Where can I find it?
은행을 찾고 있는데, 어디에 있나요?

Is there an ATM around here?
이 근처에 현금 자동 지급기가 있나요?

What's the exchange rate today?
오늘 환율이 어떻게 되나요?

What's the Euro/US dollar rate?
미국 달러 당 유로화가 얼마인가요?

How much will that be in won?
원화로 얼마가 되나요?

How many Yens per Korean won?
원화당 엔화가 얼마인가요?

I'd like to change 100 US dollars into Euros, please.
미화 100달러를 유로화로 환전해 주세요.

What's the exchange for US dollars to Korean won?
미화와 원화와의 환율은 얼마인가요?

Would you like to exchange this into US dollars?
= I'd like to change this into US dollars.
이것을 미국 달러로 환전해 주시겠어요?

How would you like the bills?
지폐를 어떻게 드릴까요?

All of it in tens, please.
모두 10달러짜리 지폐로 주세요.

I'd like to get change for fifty pounds.
50파운드짜리 지폐를 잔돈으로 바꿔 주세요.

I would like all in tens.
전부 10달러짜리 지폐로 주세요.

Do you want large bills or small bills?
고액권으로 드릴까요, 소액권으로 드릴까요?

Large bills, please.
고액권으로 주세요.

Small bills, please.
소액권으로 주세요.

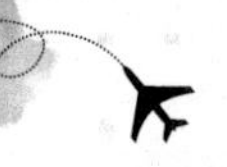

Would you cash these traveler's checks?
= I'd like to cash this check.
여행자 수표를 현금으로 바꿀 수 있나요?

I'd like to buy some traveler's checks.
여행자 수표를 사고 싶습니다.

Could you cash these checks?
이 수표들을 현금으로 바꿔 주시겠어요?

Please cash this traveler's check.
이 여행자 수표들을 현금으로 바꿔 주세요.

Would you cash these traveler's checks?
= I'd like to cash these traveler's checks.
이 여행자 수표를 현금으로 바꿔 주시겠어요?

Do you charge a fee?
수수료가 있나요?

Do you have an account with us?
저희 은행에 계좌가 있으신가요?

I'll need a picture ID as well.
사진이 있는 신분증도 주세요.

Please sign here.
여기에 서명해 주세요.

Would you change this bill into 5 dollars?
이 지폐를 5달러로 바꿔 주세요.

Can I have some change for this?
이거 잔돈으로 바꿀 수 있나요?

I need some change.
잔돈이 필요한데요.

I want to withdraw some money.
돈을 인출하고 싶은데요.

I'd like to withdraw 500 dollars.
500달러를 인출하려고요.

Could you tell me how much the balance is?
잔고를 알려 주시겠어요?

I'd like to open an account.
계좌를 개설하고 싶어요.

Please insert your card.
카드를 삽입하세요.

Protect your PIN number.
비밀번호를 보호하세요.

Please enter the PIN number.
비밀번호를 누르세요.

Please select the transaction.
거래를 선택하세요.

Please press the amount.
찾고자 하는 금액을 누르세요.

Please take your cash and receipt.
현금과 명세표를 받으세요.

- The ATM ate my card. 현금 자동 지급기에서 제 카드가 나오지 않았어요.
- This bill looks like counterfeit money. 이건 위조지폐 같은데요.
- I've got a bill that is torn in half. 반쪽짜리 지폐가 나왔어요.
- This ATM is out of order. 이 현금 자동 지급기가 고장 났어요.
- Are there ATMs around here?

  = Where can I find ATMs nearby? 이 근처에 현금 자동 지급기가 있나요?

Further VOCABULARY

1 환전

bank 은행
money exchanger 환전소
large bill 고액권
coin 동전
foreign currency 외화
exchange rate[current rate] 환율
exchange 환전하다
small bill 소액권
bill 지폐

2 여행자 수표

traveler's check 여행자 수표
serial number 일련번호
cash 현금화하다
signature 서명

3 미국 동전

cent / penny 1센트
one dime / dime 10센트
fifty cents / half dollar 50센트
five dollar 5달러
twenty dollar 20달러
five cents / nickel 5센트
quarter dollar / quarter 25센트
one dollar 1달러
ten dollar 10달러

4 화폐 단위

Korean won 한국
US dollar 미국
New Zealand dollar 뉴질랜드
Hong Kong dollar 홍콩
Yen 일본
Yuan 중국
Rupiah 인도네시아
Baht 태국
Peso 멕시코, 아르헨티나, 첼레 등 중남미 여러 나라와 필리핀
Canadian dollar 캐나다
Australian dollar 호주
Singapore dollar 싱가포르
Taiwan dollar 대만
Rupee 스리랑카, 파키스탄, 인도 등
Pound 영국
Euro 유로화

4 현금 자동 지급기

ATM(Automated-Teller Machine) 현금 자동 지급기

PIN number 비밀번호

deposit 입금하다

check(英 cheque) 수표

insert 삽입하다

cancel 취소하다

enter 입력하다

withdraw 인출하다

balance 잔고

cash 현금

select 선택하다

receipt 명세표

fee 수수료

SIGN ENGLISH

여행을 하다 보면 가지고 있던 현금을 모두 사용해서 현금이 추가로 필요한 경우가 발생하기도 합니다. 지금까지 해외여행의 경험상 해외에서 가장 편리하게 사용할 수 있는 현금 카드는 시티은행 카드인 것 같습니다. 시티은행 계좌가 있다면 해외에서도 인출이 가능한 카드를 발급받아 가세요. 요금이 추가로 부과되지 않고, 수수료도 저렴하며 환율도 좋은 편입니다. 특히 미국에서는 세븐 일레븐 편의점에서도 거래 가능한 시티은행 ATM을 쉽게 찾을 수 있습니다. 영국 런던 등의 대도시에는 시티은행이 여러 곳에 위치해 있습니다. 요즘에는 여러 은행에서 해외 인출이 가능한 카드를 발급하니 출국 전에 미리 확인해 보세요.

Short Dialogues

A Where can I find an ATM?

B You can find one inside the convenience store.

A 현금 자동 지급기는 어디에 있나요? B 그 편의점 안에 있어요.

A I'd like to break five $100 bills

B How would you like your bills?

A 100달러짜리 지폐 5개 좀 바꿔 주세요. B 어떻게 해드릴까요?

A What is the exchange rate of Euro to US dollars?

B The exchange rate is 0.74 Euro to US dollars.

A 미국 달러에 대한 유로화 환율이 어떻게 되나요? B 유로화 환율은 0.74입니다.

A How would you like your bills?

B In tens and twenties, please.

A 지폐를 어떻게 드릴까요? B 10달러와 20달러짜리 지폐로 주세요.

A Can I see your passport?

B Sure. Here you are.

A 여권을 보여 주시겠어요? B 네, 여기 있습니다.

A Can I cash traveler's checks here?

B Do you have a bank account here?

A 여행자 수표를 현금으로 바꿀 수 있나요? B 저희 은행에 계좌가 있으신가요?

A I lost my traveler's checks.

B Do you have the serial numbers?

A 여행자 수표를 잃어버렸어요. B 일련번호가 있으신가요?

A What's the exchange rate today?

B The current rates are on the notice board.

A 오늘의 환율은 얼마인가요? B 현재 환율은 게시판에 있습니다.

A How much is the exchange fee?

B There's no fee.

A 환전 수수료가 얼마인가요? B 수수료는 없습니다.

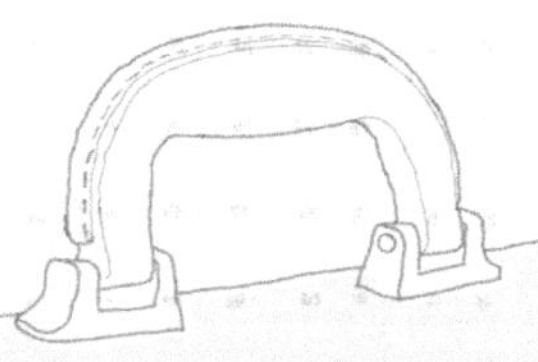

Travel Tips

여행자 수표는

분실한 경우 일련번호만 있으면 재발급이 가능하여 장기 여행 시 안전하게 사용할 수 있습니다. 다만 금액이 크거나 잔돈을 현금으로 줄 수 없는 작은 상점의 경우 현금화하기 어렵습니다. 백화점이나 큰 상점에서 액수가 큰 물품을 구입하는 경우에 사용하는 것이 편리합니다. 여행자 수표는 발급받은 곳에서 서명을 한 번 하고, 사용하기 전에 다시 한 번 동일한 서명을 그 자리에서 해야 합니다. 따라서 미리 서명을 모두 하거나 서명을 둘 다 하지 않은 경우에는 사용이 어렵습니다. 또한 사진이 포함된 신분증을 제시하여 신원을 확인한 후 사용할 수 있습니다. 소액으로 편리하게 여행자 수표를 미리 바꾸고 싶다면 은행을 이용할 수 있지만, 해당 은행 계좌가 없다면 수수료가 부가될 수 있습니다.

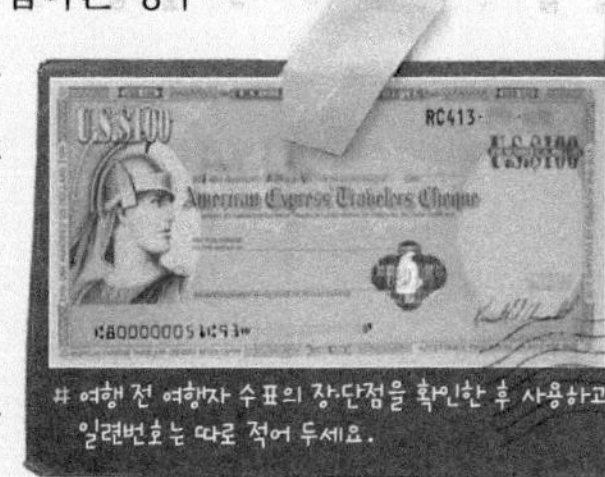

여행 전 여행자 수표의 장단점을 확인한 후 사용하고 일련번호는 따로 적어 두세요.

환전할 때 유용한 Tip

현금

가장 많이 쓰이고 간편한 지불 수단인 현금은 편리하기는 하지만, 분실할 경우 다시 찾기 힘들다는 단점이 있습니다. 보험 처리도 되지 않기 때문에 여행 기간이 길거나 필요한 금액이 많은 경우, 현금을 많이 가져가면 이러한 위험이 발생할 수 있으니 각별히 주의해야 합니다.

여행자 수표

여행자 수표는 잃어버리더라도 발급받은 수표 번호만 알면 재발급이 가능하기 때문에 현금보다 안전한 지불 수단입니다. 큰 상점에서는 부가 수수료를 지불하지 않아도 바로 현금화하여 쓸 수 있지만, 수표의 금액이 큰 경우에는 소액의 물건 구입 시 현금화하기 다소 불편할 수 있습니다. 따라서 유럽이나 미주 지역처럼 여행자 수표의 사용이 일반화되어 있고 여행자 수표 환전소가 곳곳에 있는 지역으로 여행할 경우, 여행자 수표를 이용하되 패키지여행의 경우라면 이용하지 않는 것이 좋습니다.

신용 카드

도난과 분실의 위험이 있기는 하지만 사용하기 편리하고 비상시 가장 안전한 지불 수단 중 하나입니다. 현금을 모두 도난당한 경우라도 신용 카드로 현금 서비스를 받을 수 있고, 미리 연계해 놓았다면 은행 계좌에서도 환전한 후에 바로 인출이 가능합니다. 자신의 신용 카드가 국내 전용인지 해외에서도 사용할 수 있는지 미리 확인하고, 도난이나 분실을 대비해 분실 신고 전화번호를 꼭 소지해야 합니다.

외환 영업점이라고 쓰여 있는 은행은 모두 환전 가능합니다. 요즘은 대부분의 은행 지점에서 환전 영업을 하고 있기 때문에 환전 시 받을 수 있는 혜택을 따져본 뒤 환전할 은행을 결정하는 것이 좋습니다. 은행 또는 은행과의 거래에 따라 환율 수수료를 많게는 80%까지 할인받을 수 있습니다. 또한 인터넷 환전을 이용할 경우 은행마다 제공하는 서비스를 무료로 이용할 수 있는데, 그 중 하나가 해외여행자 보험입니다. 여행 기간이 한 달 이내라면 환전 시 받는 해외여행자 보험만으로도 충분합니다. 환율은 시간이나 은행에 따라 다르긴 하지만 환전할 금액이 많지 않다면 큰 차이가 나지 않습니다. 다만 여행 일정이 정해져 있다면 환율 변동을 살핀 후 환율이 저조한 시기에 환전을 하면 유용합니다. 각 은행의 인터넷 사이트로 들어가면 그날의 환율을 확인할 수 있고 환율 변동도 확인 가능합니다.

인터넷 환전

환전 수수료를 가장 저렴하게 이용할 수 있는 방법은 인터넷 환전을 이용하는 것인데, 보통 수수료의 최대 50%까지 할인받을 수 있습니다. 지역 은행에서도 우수 고객의 경우 더 높은 할인 혜택을 제공하니 문의해 보는 게 좋습니다. 인터넷 환전의 경우 인터넷 뱅킹이 가능한 계좌와 인터넷 뱅킹 보안 카드가 있어야 합니다. 환전한 금액은 자신이 지정한 은행 지점에서 받을 수 있는데, 대체로 공항의 은행 지점을 이용하는 것이 편리합니다.

환전 수수료 할인 쿠폰

관광 상품을 이용할 경우 관광사 내 이벤트 페이지에서 환전 수수료 할인 쿠폰을 다운로드할 수도 있으니 확인해 보세요.

미리 환전하자

환전 수수료가 가장 비싼 곳은 공항에 있는 환전소입니다. 따라서 미리 인터넷이나 지역 은행을 이용하여 필요한 금액만큼 환전해 두는 것이 좋습니다. 환전하기 위해서는 실명 확인을 위한 사진이 있는 여권, 주민 등록증, 면허증과 같은 신분증이 필요합니다. 단, 미화 $10,000 이상의 현금은 공항 세관에 자진 신고 후 가져갈 수 있습니다.

화폐는 어떤 것으로 할까?

환전을 할 때에는 기본적으로 유럽, 미주, 호주, 일본, 중국과 같은 국가는 해당 국가의 화폐로 환전하는 것이 좋지만, 동남아시아의 경우 현지의 화폐뿐 아니라 달러도 함께 준비해 가는 것이 좋습니다. 동남아시아에서는 달러가 사용되며, 현지에서 환전 시에도 환율이 좋은 편입니다.

CHAPTER 8

문제 상황

UNIT 19 분실, 도난

UNIT 20 부상, 질병

분실, 도난

여행지에서 물건을 분실하거나 도난당하는 일이 종종 발생합니다. 하지만 여행 전 미리 준비해 두면 이런 당황스러운 상황을 잘 대처해 나갈 수 있습니다. 어떤 표현들이 도움이 될까요?

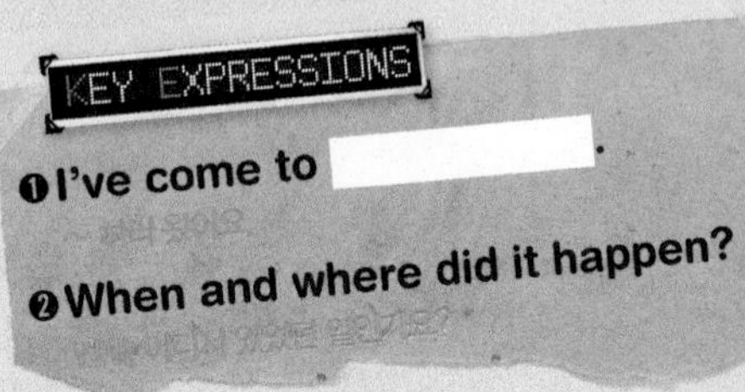

KEY EXPRESSIONS
❶ I've come to ______.
❷ When and where did it happen?

REAL DIALOGUE

A **Good morning. What can I do for you?**
안녕하세요. 무엇을 도와드릴까요?

B **I've come to make a statement for my stolen camera. Can I do that here?**
도난당한 카메라에 대한 진술서를 받으려고 왔어요. 여기서 받을 수 있나요?

A **Yes, you can. When and where did it happen?**
네, 받으실 수 있어요. 언제, 어디서 있었던 일인가요?

B **It happened last night at the subway station.**
어젯밤에 전철역에서요.

A **What happened?**
어떤 일이 있었나요?

B **It was so crowded after the soccer match. When I got back to the hotel, my camera wasn't in my bag.**
축구 경기가 끝나고 사람들이 정말 많았어요. 호텔로 돌아와서 보니 가방에 있던 카메라가 없었어요.

A **Would you describe your camera?**
카메라가 어떻게 생겼나요?

B **It's a small black camera.**
작고 검은색 카메라예요.

□ **statement** 진술서　□ **describe** 묘사하다

Further Expressions

Would you call the police?
= *Call the police, please.*
경찰에 신고해 주시겠어요?

Where is the nearest police station?
가장 가까운 경찰서가 어디인가요?

Please contact the Korean Embassy.
한국 대사관에 연락해 주세요.

I'd like to report the crime.
= *I'm here to report the crime.*
범죄를 신고하려고요.

What is the nature of that crime?
어떤 종류의 범죄인가요?

I had something stolen.
물건을 도난당했어요.

I'd like to report a pick-pocketing incident.
소매치기를 신고하고 싶은데요.

Please fill out this form.
이 서류를 작성해 주세요.

I lost my passport.
여권을 분실했어요.

I made a copy of my passport just in case.
만약을 대비해서 여권을 복사해 두었어요.

My wallet is gone.
= *I think I lost my wallet.*
지갑이 없어졌어요.

I had my valuables in my bag.
가방에 귀중품이 있었어요.

I left my purse in the taxi.
지갑을 택시에 놓고 내렸어요.

My digital camera was stolen.
제 디지털카메라를 도난당했어요.

Have you seen my sunglasses here?
여기 제 선글라스를 보셨나요?

I guess I left my laptop in the bus.
버스에 노트북을 놓고 내린 것 같아요.

I don't know where I left it.
어디에 두었는지 모르겠어요.

Help!
도와주세요!

Somebody stole my bag.
= *My bag is stolen.*
누가 제 가방을 훔쳐갔어요.

I was pick-pocketed on the bus.
버스에서 소매치기를 당했어요.

My bag was stolen.
가방을 도둑맞았어요.

My car was broken into yesterday.
어제 제 차에 도둑이 들었어요.

My car was stolen last night.
어젯밤에 차를 도난당했어요.

I was attacked by a big guy.
어떤 덩치 큰 사람에게 습격당했어요.

Call 911, please.
911에 전화해 주세요.

Could you call us an ambulance, please?
구급차를 불러 주세요.

Would you call the insurance company?
보험사에 전화해 주시겠어요?

Is your car insured?
차는 보험에 들어 있습니까?

I had a car accident.
교통사고가 났어요.

He was speeding.
그 사람이 속력을 냈어요.

My car was rear ended.
제 차를 뒤에서 받았어요.

He crossed the central line.
그 사람이 중앙선을 넘었어요.

Can you give me your phone number to call in case I have any trouble?
문제가 생기면 연락할 수 있는 전화번호를 알려 주시겠어요?

- I lost my credit card. 신용 카드를 분실했어요.
- My credit card was stolen. 신용 카드를 도난당했어요.
- I lost my traveler's checks. 여행자 수표를 분실했어요.
- My traveler's checks are stolen. 여행자 수표를 도난당했어요.

추후에 여행자 보험으로 도난 물품에 대한 보상을 받기 위해서는 분실과 도난을 명확히 구분해야만 합니다. 분실의 경우에는 분실한 사람에게 책임이 있지만, 도난의 경우에는 보상을 받을 수 있기 때문입니다.

Further VOCABULARY

1 분실 또는 도난된 물건

passport 여권
baggage[luggage] 짐 가방
bag 가방
wallet 지갑
cash 현금
mobile phone 휴대 전화기
laptop 노트북
clothes 옷
jewel 보석
necklace 목걸이
watch 손목시계
room card 방 카드키
flight ticket 비행기 표
copy 사본
backpack 배낭
handbag[purse] 핸드백
credit card 신용 카드
sunglasses 선글라스
camera 카메라
valuables 귀중품
ring 반지
bracelet 팔찌
key 열쇠

2 분실, 도난 처리

police station[police office] 경찰서
report 신고하다
insurance 보험
make a statement 진술서를 작성하다
Lost and Found 분실물 센터
police officer 경찰관
lose 분실하다
insurance company 보험사
picture ID card 사진이 있는 신분증

3 범죄의 종류

crime 범죄
murder 살인
manslaughter 과실 치사
arson 방화
graffiti 낙서
dropping litter 쓰레기 투하
steal 훔치다
car accident 자동차 사고
speed 속력을 내다
mugging 강도
thief 도둑
kidnapping 납치
drink driving 음주 운전
trespassing 무단 침입
libel 명예 훼손
sexual harassment 성폭력
crash 충돌 사고
speeding 과속

fender-bender 접촉 사고
hit-and-run 뺑소니
central line 중앙선
pickpocket 소매치기
break into 침입하다
misdemeanor 경범죄

reckless driving 부주의 운전
rear 뒤편
overtake 추월하다
rob 약탈하다
felony 중죄, 흉악 범죄
public indecency 공연 음란 행위

SIGN ENGLISH

우리나라는 다른 국가에 비해 치안이 안전한 편입니다. 이 때문에 해외에서도 한국에서처럼 행동하게 되면 물건을 도난당하는 경우가 발생하니 항상 주의해야 합니다. 예를 들어 미국에서는 물건이 보이게 차를 주차한 후 돌아왔을 때 창문이 깨져 있고 물건을 도난당하는 사건이 빈번히 발생합니다. 그래서 현지인들은 작은 인형이나 동전도 차 내부의 보이는 곳에 두지 않는다고 합니다. 유럽 여행을 할 때는 국가별로 치안이 다른 편입니다. 영국이나 프랑스, 독일의 경우에는 다른 유럽 국가들에 비해 치안이 안전한 반면, 동유럽이나 이탈리아, 스페인의 경우에는 대낮에도 강도를 만날 수도 있습니다. 이런 이유로 스페인에서는 많은 여행객들이 모든 귀중품은 숙소에 두고 검은 비닐봉지에 카메라만 들고 구경을 다니는 모습을 보았습니다. 여권을 분실할 경우에 대비해 여권 복사본과 사진을 준비해 놓으면, 한국 대사관을 통해 재발급받을 수 있습니다.

Short Dialogues

A When did you lose it?
B I don't know exactly. I saw it yesterday.
A 언제 분실하셨나요? B 잘 모르겠어요. 어제는 봤어요.

A Did you find it?
B No, I cannot find it anywhere.
A 찾으셨나요? B 아니요, 어디에도 없네요.

A Where did you put it?
B I don't remember where I put it.
A 그걸 어디에 두셨나요? B 어디에 두었는지 기억이 안 나요.

A Is there anyone who speaks Korean here?
B Please, wait. I'll call someone.
A 한국어 하실 수 있는 분이 계시나요? B 기다려 주세요. 사람을 부르겠습니다.

A Where should I go to reissue my passport?
B You should go to the Korean Embassy.
A 여권을 재발급받으려면 어디로 가야 하나요? B 한국 대사관으로 가셔야 합니다.

A Do you have a copy of your passport and a picture?
B Yes, I do.
A 여권 사본과 사진이 있나요? B 네, 있어요.

A Would you call me if you find it?
B Alright. Leave your phone number here.
A 찾으시면 저에게 연락 주시겠어요? B 네, 여기에 연락처를 남겨 두세요.

A **Where is the Lost and Found?**

B **It's nearby Central Park.**

A 분실물 센터가 어디인가요? B 센트럴 파크 근처에 있어요.

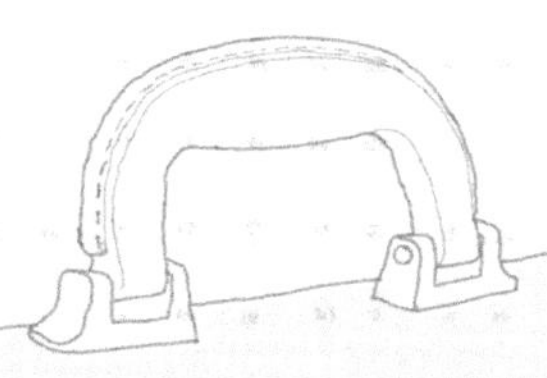

Travel Tips

아무리 조심한다고 해도

치안이 불안한 곳을 여행하게 되면 물건을 도난당하는 일이 종종 발생합니다. 여행자 보험을 가입했다면 도난당한 물건을 한도 내에서 보상받을 수 있습니다. 다만 여행지에서 경찰서를 방문하여 진술서를 작성해야 합니다. 이러한 진술서에는 도난당한 물건의 자세한 설명과 가격과 함께 도난당한 장소도 명시되어 있어야 합니다. 여행에서 돌아온 후 이러한 진술서와 도난당한 물건이 본인의 것임을 증명하는 구입 영수증과 같은 서류를 보험사에 제출하면 보상받을 수 있습니다. 하지만 무엇보다 물건을 항상 잘 간수하고 조심하는 것이 중요하겠죠.

해외에서 물품 도난 시 경찰서에 가서 진술서를 꼭 받아 놓으세요.

UNIT 20 부상, 질병

여행 중 갑자기 몸이 안 좋아지거나 부상을 당하게 되는 경우가 생기기도 합니다. 이럴 땐 당황하지 말고 가벼운 증상이라면 약국으로, 증상이 심각하거나 지속적이라면 병원으로 가세요. 여행자 보험에 가입했다면 여행 중 발생하게 되는 여러 가지 질병에 대해 보상받을 수 있습니다.

KEY EXPRESSIONS

❶ **How long have you had ______?**

❷ **It's been about ______.**

REAL DIALOGUE

A **What's the matter?**
어디가 아프신가요?

B **I have a rash on my arm.**
팔에 발진이 생겼어요.

A **How long have you had the rash?**
발진이 생긴 지는 얼마나 되었나요?

B **It's been about a week.**
일주일 정도 되었어요.

A **Are you taking anything for it?**
발진 때문에 드시는 약이나 바르시는 연고가 있나요?

B **I put some cream on it, but it doesn't seem to work.**
연고를 발랐는데 효과가 없는 것 같아요.

A **I'll give you a prescription for some ointment. Please, apply it three times a day.**
연고를 받으시도록 처방전을 드릴게요. 하루에 세 번 바르세요.

□ **rash** 발진 □ **prescription** 처방전 □ **ointment** 연고 □ **apply** 바르다

Further Expressions

Would you call an ambulance, please?
응급차를 불러 주시겠어요?

Where's the nearest hospital?
가장 가까운 병원이 어디인가요?

Where is the reception desk?
접수창구가 어디인가요?

What's the matter?
= What's wrong?
어디가 불편하신가요?

What are the symptoms?
증상은 어떤가요?

How do you feel?
상태가 어떠세요?

Do you have any other symptoms?
또 다른 증상이 있나요?

When did you have that pain?
언제부터 통증을 느끼셨나요?

I'll check your temperature.
체온을 잴 게요.

Your fever will be down soon if you take this pill.
이 약을 먹으면 열이 곧 내릴 겁니다.

I'm going to write you the prescription.
처방전을 써 드릴게요.

I had a terrible headache. 두통이 심해요.
I have a migraine. 편두통이 있어요.
I feel dizzy. 어지러워요.
I have a cold. 감기에 걸렸어요.
I have a fever. 열이 있어요.
I have a cough. 기침이 나요.
I feel chilly. 오한이 납니다.
I have a sore throat. 목이 아파요.
I have a runny nose. 콧물이 나요.
My nose is stuffy. 코가 막혔어요.
My eyes are itchy. 눈이 간지러워요.

I have eye trouble[problem]. 눈병이 났어요.
I've got diarrhea. 설사가 나요.
My stomach is upset. 배가 아파요.
I'm nauseous. 속이 메스꺼워요.
I have a stiff neck. 뒷골이 당겨요.
I think I have a serious cavity. 이가 많이 썩었나 봐요.
My front teeth are loose. 앞니가 흔들려요.
My skin feels burned. 피부가 따갑고 뜨거워요.
I have a rash all over my body. 온몸에 발진이 생겼어요.
I took a painkiller, but I still have a headache.
진통제를 먹었지만, 여전히 두통이 있어요.

I sprained my wrist. 손목을 삐끗했어요.
My wrist is swollen. 손목이 부었어요.
I sprained my ankle. 발목을 삐끗했어요.
I have a backache. 허리가 아파요.
I feel my head spinning. 머리가 어지러워요.
I injured my neck. 목을 다쳤어요.
I can't bend over. 구부릴 수가 없어요.
I burned my leg. 다리에 화상을 입었어요.
Do I need stitches? 봉합을 해야 하나요?
Do I need surgery? 수술이 필요한가요?
It hurts right here. 바로 여기가 아파요.

Where's the nearest drugstore?
가장 가까운 약국이 어디인가요?
Are you allergic to any medications?
알레르기를 보이는 약이 있나요?
I need an ointment for scars.
상처에 바르는 연고를 주세요.
Can I have a pill for cramps?
생리통에 드는 약을 주시겠어요?

Can I buy pills for digestion?
소화제 주시겠어요?

Can I buy this medicine without a prescription?
처방전 없이 이 약을 살 수 있나요?

You can't buy this medicine without a prescription.
처방전 없이는 이 약을 구입하실 수 없어요.

Is there any medication for headaches that works really fast?
효과 빠른 두통약이 있나요?

Is there any painkiller that works fast?
효과 빠른 진통제가 있나요?

Do you have eye drops?
안약이 있나요?

These pills don't work so well.
이 약은 효과가 별로 없어요.

How often should I take this per day?
하루에 몇 번 복용하나요?

How do I take this medicine?
이 약은 어떻게 먹나요?

You should take two pills after meals.
식후 두 알 드세요.

Chew this medicine.
이 약을 씹어 드세요.

I'm allergic to aspirin. 아스피린에 알레르기가 있어요.

I have a traveler's insurance. Does this insurance cover this treatment?
여행자 보험에 들었는데, 이 치료는 보험 혜택을 받을 수 있나요?

My stomach really hurts. 배가 너무 아프네요.

I feel like throwing up. 토할 것 같아요.

Further VOCABULARY

1 병원

doctor 의사
patient 환자
surgery 외과
dentistry 치과
pediatrics 소아과
ER[Emergency Room] 응급실
recovery room 회복실
intensive care unit 중환자실
ambulance 구급차
clinic 전문 의원
insurance 보험
cast 깁스
first aid 응급 처치
doctor's slip 진단서
nurse 간호사
reception desk 접수처
dermatology 피부과
internal medicine 내과
orthopedic surgery 정형외과
operating room 수술실
sickroom 병실
consultation room 진찰실
general hospital 종합 병원
physical therapy 물리 치료
nerve 신경
crutch 목발
prescription 처방전
injection 주사

2 증상

symptom 증상
temperature 체온
headache 두통
backache 요통
earache 귀앓이
diarrhea 설사
fever 열
sore throat 인후통
rash 발진
dizzy 어지러운
indigestion 소화 불량
itchy 간지러운
burned 화상을 입은
cavity[decayed tooth] 충치
insect bite 벌레 물림
infection 감염
fracture 부러지다
pain 통증
sick[ill] 아픈
stomachache 위통
toothache 치통
migraine 편두통
cold 감기
cough 기침
runny nose 콧물
food poisoning 식중독
constipation 변비
nauseous 메스꺼운
drowsy 졸린
injure 다치다
wisdom tooth 사랑니
throw up[vomit] 토하다
sunburn 화상
sprain 삐다

swollen 부어오른
cramps 생리통
stitch 봉합하다
faint 기절, 실신하다
surgery 수술
side effect 부작용

3 약국

drugstore(英 pharmacy) 약국
medicine 약
pill[tablet, capsule] 알약
liquid 물약
painkiller[pain reliever] 진통제
aspirin 아스피린
medicated patch 파스
cold tablet 감기약
decongestant spray 소염 스프레이
dose 복용량
sleeping drug 수면제
pharmacist 약사
prescription 처방전
cough syrup 기침용 시럽
powder 가루약
eye drops 안약
ointment 연고
bandaid 반창고
vitamin 비타민
digestive 소화제
fever reducer 해열제

우리나라는 약국이 십자가 모양으로 구별되어 있어 찾기 쉽지만, 외국에서는 약국이 일반 슈퍼마켓에 위치해 있기 때문에 처음에는 찾기 힘들 수도 있습니다. BOOTS는 영국에서 가장 많이 볼 수 있는 약국들 중 하나입니다. 처방전이 필요 없는 약의 경우, 쇼핑할 때처럼 슈퍼마켓이나 약국에서 물건을 골라 계산하면 됩니다. 약의 성능을 잘 모르거나 약사에게 추천받고 싶을 경우, 간략히 자신의 증상을 말하면 약을 골라 주기도 합니다.

A What's wrong?
B I have a stomachache.

A 어디가 편찮으세요? B 배가 아파서요.

A My stomach hurts. Would you recommend some kind of medicine?
B This is very mild tablet. Please try this.

A 속이 쓰리는데, 약 좀 추천해 주시겠어요? B 이 약은 아주 순한 약이에요. 복용해 보세요.

A Is there anyone who can speak Korean?
B Just a minute. I'll look for someone.

A 한국어 하시는 분 없나요? B 잠시만요. 찾아보겠습니다.

A How long have you had this symptom for?
B About a week.

A 이 증상이 얼마나 지속되었나요? B 일주일 정도요.

A What's the matter?
B I think I have a cold. I have a fever, cough and runny nose.

A 어디가 편찮으세요? B 감기에 걸린 것 같아요. 열도 있고 기침과 콧물이 나요.

A Will this make me drowsy?
B A little bit. Please be careful if you drive.

A 이 약을 먹으면 졸린가요? B 약간요. 운전할 때 조심하세요.

A How often should I take this medicine?
B Take it three times a day.

A 이 약을 얼마나 자주 복용해야 하나요? B 하루에 세 번 드세요.

A I have a sore throat. Would you recommend some kind of medicine for me?

B This is good for a sore throat. Try this.

A 목이 아파요. 어떤 약을 복용해야 할까요? B 이 약이 인후통에 좋으니 복용해 보세요.

A I have a fever and ache all over my body.

B Let's take your temperature first.

A 열이 있고 온몸이 쑤셔요. B 우선 열을 재봅시다.

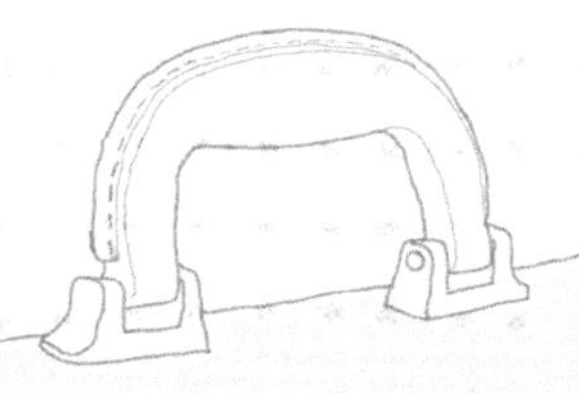

Travel Tips

해외에서 대여한 차를 몰고 가다 교통사고가 나면 정말 당황스럽습니다. 예기치 못한 사고가 발생했다면 다음과 같이 조치를 취하면 됩니다. 먼저 차를 안전한 곳으로 이동한 후, 렌터카 회사와 경찰에 연락을 취합니다. 그후 경찰서에서 사고 경위서를 작성해야 합니다. 이때 작성한 사고 경위서는 만일을 대비하여 복사본은 본인이 지참하는 것이 좋습니다. 치료가 필요하거나 물품을 잃어버린 경우, 보험 계약에 따라 보상받을 수 있는 경우가 있으므로 사건 발생 후 20일 이내에 보험 회사에 청구할 수 있습니다. 단, 경찰서에서 작성한 사고 경위서가 없으면 보상을 요구할 수 없습니다. 해외에서는 운전자가 "I'm sorry."라고 말하는 것 자체가 자신의 실수를 인정하는 것으로 본다고 하니, 자신의 잘못이 아니라면 무턱대고 먼저 사과하거나 잘못을 인정하지 말고 통역해 줄 수 있는 사람을 찾아서 일을 해결해야 합니다.

각종 사고 발생 시 당황하지 말고 경찰서에 연락한 후 사고 경위서를 꼭 받아 놓으세요.

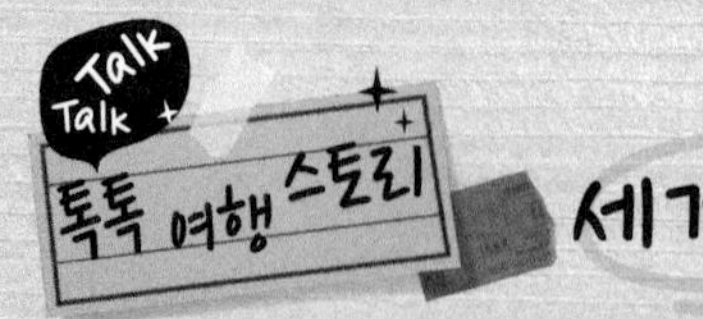

세계의 축제

유럽

영국 셰익스피어 축제(4월), 에든버러 축제(8월), 노팅 힐 카니발(8월)
프랑스 니스 카니발(2월), 엑스앙 프로방스 국제 서정 예술 음악 축제(7월), 아비뇽 연극 축제(7월)
스페인 플라맹고 축제 (4월), 말라가 축제(6월), 산 페르민 축제(7월), 부뇰 토마토 축제(8월)
포르투갈 께이마 다스 휘따스 축제(5월)
벨기에 뱅수 카니발 (2월)
네덜란드 큐켄호프 튤립 축제(3~5월)
오스트리아 잘츠부르크 음악제(7, 8월)
스위스 섹세로이텐 축제(4월), 바젤의 파스나흐트 축제(2월)
독일 퀼른 카니발(11월), 뮌헨 맥주 축제(9월 말~10월 초), 베를린 영화제(2월)
이탈리아 베니스 가면 축제(2월)

러시아 동유럽

러시아 백야 축제(5월)
체코 '프라하의 봄' 음악제(5월)
폴란드 크라쿠프 축제(12월)
루마니아 드라큘라 축제(10월)
헝가리 에체크 와인 축제(9월)
불가리아 장미 축제(5, 6월)

북유럽

노르웨이 바이킹 축제(5월)
스웨덴 하지 축제(6월)

중동 아프리카

이스라엘 로쉬 하사나(2월)
남아프리카 줄루족의 축제(9월)
니제르 보로로족의 짝짓기 축제(괴레올 축제 – 3월)

북 아메리카

미국 알래스카의 모피 랑데부 축제(2월), 하와이 알로하 축제(9월), 키 웨스트 판타지 축제(10월), 추수 감사절(11월)

캐나다 캘거리 스탬피드(7월), 퀘벡 윈터 카니발(1, 2월)

중남미

브라질 리우 카니발(2월)

멕시코 죽은 자들의 날(11월), 게라게차(7월)

페루 쿠스코 태양제(6월)

오세아니아

오스트레일리아 시드니 축제와 카니발, 퍼스 페스티벌(2월)

뉴질랜드 마오리족 축제 – 와이탕이 조약 체결 기념(2월), 여왕의 대관식 축제(8월)

아시아

일본 기온 마쓰리(7월), 삿포로 유키마쓰리(2월), 해신제 운자미(음력 7월)

중국 용선제 (5월), 구정 축제(음력 1월)

타이완 루강 민속제(7월)

인도 라다크 축제(9월), 빛의 축제 디왈리(10, 11월)

네팔 라트 마첸도라(4월)

말레이시아 꽃 축제(7월)

부탄 완디포드랑종의 축제(12월)

필리핀 시눌룩 축제(1월)

타이 송크란 축제(4월)

스리랑카 아사라 페라해라(음력 7, 8월)

미얀마 파간의 불탑 축제(수시)

몽골 나담 축제(7월)

CHAPTER 9

귀국

UNIT 21 항공 예약, 개인 정보

UNIT 22 항공편 확인, 변경 및 취소

UNIT 23 공항 수속, 면세점 (기내 면세점) 쇼핑

UNIT 21

UNIT 21 항공 예약, 개인 정보

대부분의 항공 예약은 한국에서 이루어지지만, 외국에 오래 거주하게 되거나 해외에서 비행기로 이동하게 될 경우 해외 여행사나 웹사이트를 통해 항공 예약을 해야 하기도 합니다. 이때 사용할 수 있는 표현을 배워 볼까요?

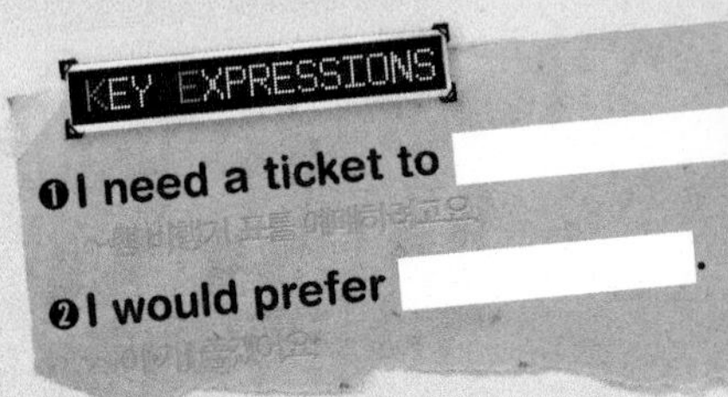
KEY EXPRESSIONS
❶ I need a ticket to ______.
~행 비행기 표를 예매하려고요.
❷ I would prefer ______.
~이 좋겠어요.

REAL DIALOGUE

A **Welcome to ABC Airlines. How may I help you?**

ABC 항공사입니다. 무엇을 도와드릴까요?

B **I need a ticket to Seoul, Korea.**

서울행 비행기 표를 예매하려고요.

A **We have five flights to Seoul weekly from Monday to Friday.**

서울행 비행기는 월요일부터 금요일까지 일주일에 5번 운행합니다.

B **I would prefer Thursday.**

목요일이 좋겠어요.

A **Will this be round-trip or one-way?**

왕복표로 하시겠어요, 편도표로 하시겠어요?

B **One-way, please. How much would that be?**

편도표로 주세요. 얼마죠?

A **It's 350 dollars including tax.**

세금 포함해서 350달러입니다.

□ **airline** 항공사 □ **weekly** 주당

Further Expressions

I need a one-way ticket.
편도표로 주세요.

Are you traveling alone?
혼자 여행하실 건가요?

I am traveling with two other people from our company.
두 명의 회사 동료와 함께 여행할 겁니다.

Will this be one-way or return?
편도인가요, 왕복인가요?

When would you like to return?
언제 돌아오고 싶으신가요?

I would like to return in September.
9월에 돌아오고 싶어요.

What is the departure time?
출발 시간이 언제인가요?

Would you like to book an economy class ticket?
이코노미석으로 예약하시겠어요?

There are several seats still available.
몇 좌석은 아직 예약 가능합니다.

Please give me a minute while I check the price and availability.
가격과 예약 가능한지 살펴보는 동안 잠시 기다려 주세요.

Does it make any stops?
경유하는 비행기인가요?

The flights on Monday and Friday are direct.
월요일과 금요일 비행기는 직항입니다.

The flight on Wednesday has a stopover in Tokyo.
수요일 비행기는 도쿄 경유입니다.

When were you thinking of flying to Italy?
이탈리아로 언제 여행하시려고 생각해 두셨나요?

Can I book a return ticket this following Monday?
귀국하는 표를 다음 월요일로 예약할 수 있나요?

I need to arrive in Incheon before Wednesday.
수요일 전에 인천에 도착해야 합니다.

I would like to fly next Thursday or Friday.
다음 목요일이나 금요일 비행으로 하고 싶습니다.

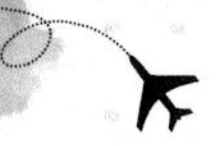

I want to travel first-class.
1등석으로 하고 싶은데요.

I want a first-class ticket without any stopovers.
경유 없이 1등석으로 주세요.

You need a round-trip ticket to Tokyo before Thursday.
목요일 이전에 도쿄로 가는 왕복표가 필요합니다.

Can I book the ticket now and pay later?
표를 지금 예약하고 비용은 나중에 지불해도 되나요?

How many days in advance do I have to purchase the tickets?
며칠 전에 미리 표를 구입해야 하나요?

The fare is $455.
금액은 455달러입니다.

How much is the fare from Atlanta to Seattle?
애틀랜타에서 시애틀까지 비용이 얼마인가요?

Which airline offers the cheapest fare?
제일 저렴한 항공사는 어디인가요?

How long does it take from Vancouver to Toronto?
밴쿠버에서 토론토까지 얼마나 걸리나요?

You should print out the e-ticket.
(인터넷으로) e-ticket을 출력하셔야 합니다.

Would you put me on the waiting list?
= *Can you place my name on the waiting list?*
대기자 명단에 올려주세요.

How much is it including tax?
세금을 포함하여 얼마입니까?

Do you take Visa Card?
비자 카드를 받나요?

We take both Visa and Master Card.
저희는 비자와 마스터 카드 모두 받습니다.

Would you like to pay in a lump sum or on an installment plan?
일시불로 해드릴까요, 할부로 해드릴까요?

How much do you charge for a child?
어린이 요금은 얼마입니까?

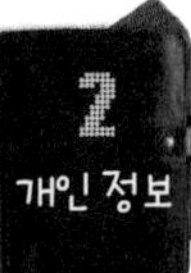

What's your full name?
성함이 어떻게 되나요?

How do you spell your last name?
성의 철자를 알려 주시겠어요?

What's your passport number?
여권 번호가 어떻게 되나요?

What's your nationality?
국적이 어떻게 되시나요?

What's your address?
주소를 알려 주시겠어요?

What's your email address?
이메일 주소를 알려 주시겠어요?

- Sorry, could you repeat that again? 죄송하지만, 다시 한 번 말씀해 주시겠어요?
- There are no direct flights to Iran. 이란으로 가는 직항은 없습니다.
- There are no tickets available on that day. 그날은 가능한 표가 없습니다.
- I spelled my name wrong. 이름을 잘못 썼어요.

Further VOCABULARY

1 항공편 예약

travel agency 여행사
travel 여행하다
flight day 여행 날짜
stopover[stops] 경유
arrival time 도착 시간
airfare 항공료
economy class 이코노미석
first-class 일등석
book[reserve] 예약하다
airline 항공사
direct 직항
departure[departing] time 출발 시간
returning time 귀국편 시간
e-ticket 인터넷으로 출력해서 사용하는 티켓
business class 비즈니스석
waiting list 대기자 명단

2 온라인 예약

leaving from 출발지
senior 노인
child 어린이
nonstop only 직항만
flight schedule 항공편
departure city 출발 도시
departure date 출발일
departure period 출발 기간
duration 기간
no preference 선호하는 것 없음
last minute deals 마감 임박 최저가
budget airline 저가 항공사
purchase 구입하다
going to 목적지
adult 성인
infant 영유아
flight status 항공 현황
in-flight service 기내 서비스
destination city 도착 도시
return date 귀국일
purchase period 구매 기간
penalty 위약금
additional fee[surcharge] 추가 요금
option 선택 사항
select[choose] 선택하다
available 가능한

3 개인 정보

spell 철자를 말하다
full name 이름
last name / surname / family name 성
first name / given name 이름
address 주소
nationality 국적
passport number 여권 번호
email address 이메일 주소
female 여자
male 남자
adult 성인
child 어린이
age 나이

Budget Airline은 해외나 국내를 운항하는 저가 항공사입니다. 영국에서 어학연수 중에 부활절 기간의 방학을 이용해 아일랜드로 여행을 간 적이 있었습니다. 친구로부터 한 저가 항공사를 알게 되어 웹사이트를 통해 예약했는데, 런던에서 아일랜드까지 세금을 모두 포함하여 7만원 정도에 왕복표를 구입할 수 있었습니다. 운항 거리를 감안했을 때, 값이 정말 저렴했죠. 하지만 저가 항공사이다 보니 몇 가지 불편한 점이 있었습니다. 우선 비행기 자리가 미리 배정되지 않아 탑승을 알리는 방송이 나오면 바로 줄을 서서 대기한 후, 순서대로 뛰어가서 자리를 잡아야 했습니다. 또한 기내 서비스가 무료가 아니라서 약간의 비용을 지불해야 합니다. 앉게 되는 자리에 따라 다소 불편한 여행이 될 수도 있지만, Budget Airline의 강점은 무엇보다 저렴한 가격에 있지 않나 싶습니다.

A How would you like to fly? Economy, business or first-class?

B Economy, please.

A 어떤 좌석으로 드릴까요? 이코노미, 비즈니스, 1등석이 있습니다. B 이코노미석으로 할게요.

A Will anyone be traveling with you?

B No, I'm traveling alone.

A 함께 여행하는 분이 있나요? B 아니요. 혼자 여행합니다.

A When does the flight depart?

B It departs at 11:00 a.m. and arrives in Seoul at 6:30 p.m. local time.

A 언제 출발하나요? B 오전 11에 출발해서 서울에 현지 시각으로 오후 6시 30분에 도착합니다.

A How much is it?

B The price is $830.

A 항공료는 얼마인가요? B 830달러입니다.

A Shall I book it for you now?

B Yes, please.

A 지금 예약해 드릴까요? B 네, 해주세요.

A Would you like to book it right now?

B Not yet. I have a few more places to check and then I'll get back to you.

A 지금 예약해 드릴까요? B 아직요. 몇 군데 더 알아보고 다시 연락드릴게요.

A When would you like to depart?

B I'd like to depart on 13th of July.

A 언제 출발하실 건가요? B 7월 13일에 출발하고 싶어요.

A Are there any airlines which you like?

B Not really. I'm just looking for the cheap one.

A 선호하는 항공사가 있으신가요? B 아니요. 저렴한 항공사로 찾고 있어요.

A Do you mind if there is a stopover?

B I would prefer a direct flight.

A 경유해도 괜찮으세요? B 직항이었으면 좋겠어요.

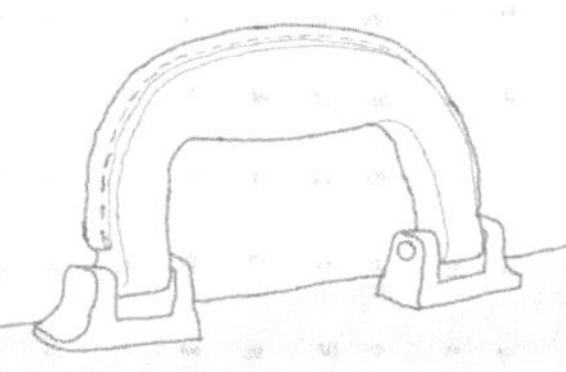

Cultural Tips

해외에서 전화로

항공권을 예매하는 경우에는 보디랭귀지 없이 영어로만 의사를 전달해야 하기 때문에 처음엔 어렵게 느껴지겠지만, 정확하게 단어와 숫자를 말하면 크게 걱정할 필요가 없습니다. 때로 원어민이 철자나 숫자를 말하는 방법에 다소 차이가 있어 혼돈스럽기도 합니다. 이름이나 고유명사를 말할 때 철자를 알려 달라고 하면 B, V, P 등과 같이 발음이 유사한 철자의 경우 상대방이 확인차 흔히 쓰이는 단어와 철자를 연관시켜서 묻는 경우가 있습니다. 예를 들면, "Is it B for Boy?"와 같이 질문합니다. 이 표현은 "Boy에 사용되는 B가 맞나요?" 정도로 이해하면 됩니다.

해외에서 전화로 항공권 예매 시 겁먹지 말고 차근차근 자신의 의사를 전달하세요.

UNIT 22 항공편 확인, 변경 및 취소

귀국하기 2~3일 전에는 귀국할 비행기 표를 미리 확인해 두어야 합니다. 항공사에 전화하여 예약 번호를 알려 주면 간단하게 항공편을 확인할 수 있습니다. 여행 일정이 변경되어 항공편을 변경해야 할 경우, 추가 비용이 발생할 수 있으므로 신중하게 결정하세요.

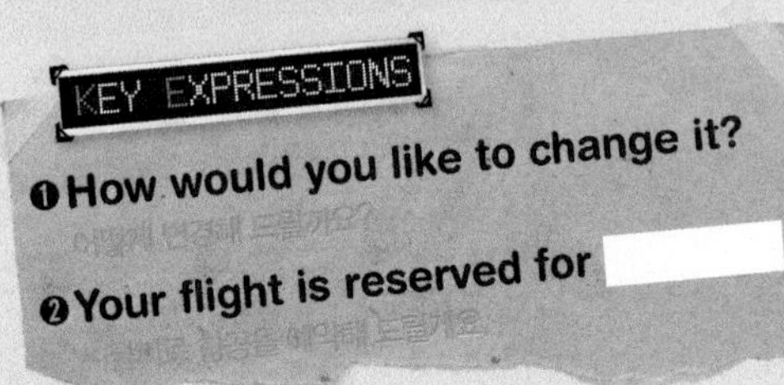

KEY EXPRESSIONS
❶ How would you like to change it?
어떻게 변경해 드릴까요?
❷ Your flight is reserved for ______.

REAL DIALOGUE

A **I'd like to change my reservation.**
예약을 변경하고 싶어요.

B **Can you tell me your itinerary number?**
예약 번호를 알려 주시겠어요?

A **My itinerary number is WA55033.**
예약 번호는 WA55033입니다.

B **How would you like to change it?**
어떻게 변경해 드릴까요?

A **I'd like to take the flight on June 15th.**
6월 15일로 항공권을 예약하고 싶어요.

B **Alright. Your flight is reserved for June 15th at 8:40 a.m.**
알겠습니다. 6월 15일 오전 8시 40분 항공으로 예약해 드릴게요.

A **Thanks.**
감사합니다.

□ **itinerary number** 예약 번호

Further Expressions

I'd like to reconfirm[recheck] my reservation.
= *I'd like to reconfirm my flight.*
= *I want to reconfirm my reservation.*
예약을 다시 확인하고 싶은데요.

What is your flight number?
항공편명이 어떻게 되세요?

May I have your name, please?
이름이 어떻게 되세요?

My flight number is KA102 for Seoul.
서울행 KA102편입니다.

My reservation number is KK2022.
예약 번호는 KK2022입니다.

I have an open ticket.
오픈 티켓이 있습니다.

Your reservation is confirmed.
= *You're confirmed.*
예약이 확인되었습니다.

Can I change my reservation?
= *Is it possible to change my reservation?*
= *I'd like to change my reservation.*
예약을 변경할 수 있나요?

Would you tell me your reservation number?
= *Your reservation number, please.*
예약 번호를 알려 주시겠어요?

Can I leave one day later?
하루 늦게 출발할 수 있나요?

Tell me your itinerary number, please.
예약 번호를 알려 주세요.

Can I reserve more seats?
추가로 좌석을 예약할 수 있나요?

There are no seats available on that flight.
그 항공편은 좌석이 없어요.

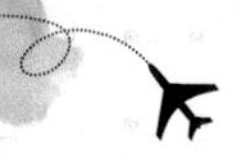

Can I delay the departure date until this Sunday?
= Is it possible to delay the departure date until this Sunday?
= Delay the departure date to this Sunday, please.
출발 날짜를 이번 토요일로 늦출 수 있나요?

Can I change the departure date?
출발 날짜를 변경할 수 있나요?

Are there any flights available to Seoul on June 1st?
6월 1일에 서울행 항공편이 있나요?

Which date would you prefer?
어느 날짜로 하시겠어요?

I'd like to change it to September 1st.
9월 1일로 변경하고 싶은데요.

How much would it be for changing the reservation?
예약 변경하는 데 위약금이 얼마나 되나요?

Twenty dollars will be charged extra.
= You have to pay twenty dollars extra.
20달러가 추가됩니다.

I need to cancel my reservation.
= I'd like to cancel my reservation.
= I'll cancel my reservation.
= Please cancel my reservation.
예약을 취소하려고요.

Could you cancel my reservation?
예약을 취소할 수 있나요?

Your name and flight number, please.
이름과 항공편명을 알려 주세요.

May I ask your itinerary number?
예약 번호를 알려 주시겠어요?

My flight number is KE202 for Seoul.
항공편은 서울행 KE202예요.

I'd like to cancel my reservation for the flight on Feb. 9th, and reserve one on Feb. 14th instead, please.
2월 9일 항공기 예약을 취소하고, 2월 14일로 해주세요.

Can I reserve the seat later?
나중에 예약해도 되나요?

Can I get the money back for this ticket?
이 항공권에 대한 돈을 환불받을 수 있나요?

We're sorry, but that flight is fully booked up.
죄송하지만, 그 항공편은 다 찼습니다.

Your reservation is canceled.
예약이 취소되었습니다.

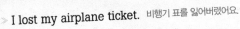

» I lost my airplane ticket. 비행기 표를 잃어버렸어요.

» I cannot remember the itinerary number. 예약 번호를 잊어버렸습니다.

» Sorry, no flights are available on that day.
죄송합니다만, 그날은 항공편이 없습니다.

» Put my name on the waiting list, please. 대기자 명단에 올려 주세요.

Further VOCABULARY

1 항공 예약 확인

reservation 예약
seat 좌석
airline 항공사
reconfirm[double-check] 재확인하다
depart 출발하다
departure date 출발 날짜
round-trip ticket 왕복표

reserve[book] 예약하다
airline ticket 항공권
confirm 확인하다
reconfirmation 재확인
leave 떠나다
one-way ticket 편도표
open ticket 오픈 티켓

2 항공 예약 변경, 취소

itinerary[reservation] number 예약 번호
change 변경하다
refund 환불하다
available 가능한
refundable 환불 가능한
the day after tomorrow 내일모레
waiting list 대기자 명단

cancel 취소하다
extra charge 추가 요금
flight number 항공편
vacant 비어 있는
tomorrow 내일

비행기 표를 온라인으로 예약하면 오프라인보다 저렴하게 구입할 수 있습니다. 온라인에 자신의 여행 일정에 맞게 검색하여 표를 구입하는 것은 그리 어렵지 않습니다. 하지만 여행 일정의 변경이 생겨 항공권을 변경 또는 취소할 경우, 직접 전화를 해야 하기 때문에 다소 어려움이 있습니다. 지난 여행 때는 비행기 표를 외국 사이트에서 구입했는데, 갑자기 여행 일정이 바뀌게 되어 날짜를 변경해야 한 적이 있었습니다. 영수증에 나와 있는 번호로 전화를 걸었는데, 상담원으로 바로 연결되지 않고 통화 목적을 말하라는 멘트가 흘러나왔습니다. '1번은 예약', '2번은 취소'와 같이 선택을 하는 게 아니라 바로 이야기를 해야 하는 형식으로 되어 있었습니다. 나중에 알고 보니 음성 인식 프로그램이 있어서 제가 한 말을 컴퓨터가 분석해 그에 맞게 처리를 해주는 시스템이었습니다. 항공권 변경을 위해 전화를 걸었다면 "Change the ticket", 취소하고자 한다면 "Cancel the ticket"과 같이 말하면 됩니다.

다음은 인터넷에서 항공권 구입 시 보게 되는 항공권 취소 약관의 일부입니다. 온라인 항공권이 저렴하기는 하지만 항공권 취소나 변경 시 다소 많은 금액의 위약금을 지불해야 하는 경우가 많고 항공권에 따라 취소나 변경이 불가한 경우도 있습니다. 그러므로 예약 전 항공권 취소 약관을 꼼꼼하게 살펴야 합니다.

Fare Rules and Restrictions

Please review the rules and restrictions listed below. For itineraries that are built out of different routings and restrictions, the most restrictive regulation applies. If you have questions regarding fare rules and restrictions, please call our customer service team on 1-800-EXPEDIA(1-800-397-3342) or 1-404-728-8787 from 24 hours a day, seven days a week.
When you purchase your ticket, you agree to these rules and restrictions.

1. **Rules and Restrictions** 규정과 제약 조건

We have no received rules or restrictions information for this flight. In most cases, the following rules and restrictions may apply:

- Most fares are no-refundable, but in many cases, the value of a ticket may be applied to a change in travel dates if the change is made prior to the departure date of the originally scheduled outbound flight.
  대부분의 요금은 환불 불가하지만, 많은 경우에는 본래 예정된 국제선 항공 변경의 출발일보다 이전에 변경이 이루어 진다면 항공권의 여행일 변경이 가능합니다.
- Rules and restrictions are imposed by the airlines and are subject to change. Expedia must abide by these rules.
  규정과 제약조건은 항공사에 따라 다르며 변경될 수 있습니다.
- Any changed to your flight reservations may incur additional charge.
  항공권 변경 시 추가 요금이 발생할 수 있습니다.
- Airline ticket are non-transferable.
  항공권은 양도 불가합니다.

Short Dialogues

A I'd like to reconfirm my reservation.
B Would you tell me your reservation number?

A 예약을 다시 확인하고 싶은데요. B 예약 번호를 말씀해 주시겠어요?

A Is there a penalty fee for changing the reservation?
B Yes, 20 dollars will be charged extra.

A 예약 변경 시 위약금이 있나요? B 네, 20달러가 추가로 부가됩니다.

A Where is your destination?
B It's Seoul, Korea.

A 도착지가 어디인가요? B 서울요.

A When are you leaving?
B I'm leaving this coming Saturday.

A 언제 출발하실 건가요? B 이번 토요일이요.

A Cancel the reservation, please.
B Would you like to reserve your seat for another date?

A 예약을 취소해 주세요. B 비행기 표를 다른 날짜에 예매하고 싶으신가요?

A Is a flight to Seoul available tomorrow?
B Just a minute, please. Let me check.

A 내일 서울행 비행기 표가 있나요? B 잠시만요. 확인해 보겠습니다.

A Can I change my departure date?
B Would you tell me your itinerary number first?

A 출발 날짜를 변경할 수 있나요? B 먼저 예약 번호를 알려 주시겠어요?

A When would you like to change your flight to?
B I prefer next weekend.

A 언제로 항공편을 변경해 드릴까요? B 다음 주면 좋겠어요.

A When are you going to leave L.A.?

B I'd like to leave the day after tomorrow.

A 언제 로스앤젤레스를 떠나실 건가요? B 내일모레 출발하고 싶어요.

A Can I leave Sydney on 25th?

B Sorry, there are no seats left on that day.

A 시드니에서 25일 비행기로 출발할 수 있나요? B 죄송합니다만, 그날에는 빈자리가 없습니다.

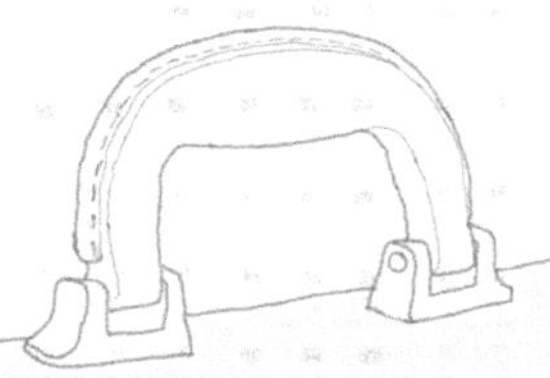

Travel Tips

911 테러 이후

테러의 위험성을 막기 위해 미국을 포함한 여러 나라에서 전신 스캔 장치를 이용한 보안 검색을 실시하고 있습니다. 일명 '알몸 투시기'로 불리는 이 장치는 고화질로 신체를 투시하기 때문에 인권 침해의 논란이 되기도 했습니다. 나라마다 모든 사람들을 대상으로 하는 경우도 있고, 입출국자들에게 불규칙적으로 실시하는 경우도 있습니다. 전신 스캔 장치를 통과하는 경우, 엑스레이를 찍을 때처럼 손을 위로 올리고 잠시 동일한 자세를 유지할 것을 요구합니다. 자세한 사항은 장치 앞에 사진으로 설명이 되어 있으므로 당황하지 말고 지시에 따르면 됩니다.

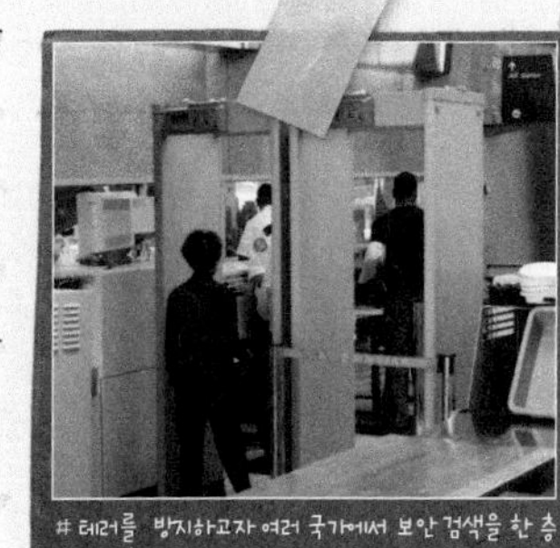

테러를 방지하고자 여러 국가에서 보안 검색을 한 층 더 강화하고 있어요.

UNIT 23 공항 수속, 면세점(기내 면세점) 쇼핑

이제 여행을 마치고 비행기를 타고 집으로 가면 여행이 끝나게 되네요. 다소 긴장이 풀려 물건을 두고 오거나 잃어버리는 일이 있을 수 있으므로 주의하세요. 여행 시 쇼핑할 시간이 없었다면 기내 면세점을 이용해 시간과 비용을 절약할 수 있습니다. 여행은 끝나서 설렘은 사라지겠지만, 추억은 여전히 남아 있겠죠.

KEY EXPRESSIONS

❶ **Please go through ______.**

❷ **Can I carry ______?**

REAL DIALOGUE

A **Please go through** the security check. Take out all your personal belongings.
보안 검색을 통과해 주세요. 가지고 계신 개인 소지품을 모두 꺼내세요.

B **Can I carry** this bottle of water?
이 물병을 가져갈 수 있나요?

A I'm afraid not. Just leave it on the tray. Come here, please. Did anyone give you anything to carry for him or her?
죄송하지만 가져가실 수 없어요. 선반 위에 두세요. 이쪽으로 오세요. 다른 사람이 짐을 대신 운반해 달라고 요청 받은 적이 있으신가요?

B No, not at all.
아니요, 전혀 없습니다.

A OK. Have a good trip.
됐습니다. 즐거운 여행 되세요.

□ **security check** 보안 검색 □ **personal belongings** 개인 소지품

Further Expressions

Where should I go to check in my luggage?
짐 가방을 수속하려면 어디로 가야 하나요?

May I have your ticket and passport?
표와 여권을 주시겠어요?

Please label this bag.
= *Would you write your name on this bag?*
가방에 이름을 써 주세요.

Can I have an emergency exit row seat?
비상구 쪽 좌석으로 앉을 수 있나요?

I prefer the front seat.
앞쪽 좌석에 앉고 싶은데요.

Can I get an aisle seat?
= *I'd like an aisle seat, please.*
통로 쪽 자리로 주시겠어요?

I'd like to sit with my friend.
제 친구와 함께 앉고 싶습니다.

Can I get the window seat?
창가 쪽 자리로 주시겠어요?

Would it be possible to upgrade to business class?
비즈니스석으로 업그레이드되나요?

Boarding begins at 4 o'clock. Please be at gate 6.
4시부터 탑승 시작합니다. 6번 게이트에 있으세요.

Please empty your pockets.
주머니를 비워 주세요.

Take off your jacket and shoes.
재킷과 신발을 벗어 주세요.

Put your personal belongings in the container, please.
상자에 개인 소지품을 담아 주세요.

Would you open your bag?
가방을 열어 주시겠어요?

Let me check your body.
잠시 검색하겠습니다.

Has your baggage been out of your sight?
짐 가방을 다른 곳에 따로 두신 적이 있나요?

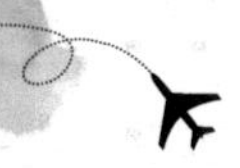

Are you carrying anything that you didn't pack yourself?
본인이 싼 짐 외에 다른 물건이 있나요?

Sorry, you cannot carry the scissors.
죄송하지만, 가위를 가져가실 수 없어요.

가위나 커터칼 같은 날카로운 물건은 기내 반입이 금지되어 있으니, 짐칸으로 보내는 짐에 넣어 두세요.

We will now begin boarding Flight KAL101 to Seoul.
서울행 101편 비행기 탑승을 시작하겠습니다.

Passengers with young children can board the flight now.
어린이를 동반한 승객 분들은 지금 탑승하세요.

Passengers seated in rows 80 through 120 begin boarding now, please.
80~120번의 좌석 줄로 자리가 배정되신 분들은 지금 탑승을 시작해 주세요.

This is the last boarding call for Flight KAL101.
101편 비행기의 마지막 탑승 안내 방송입니다.

Attention, please. Flight KAL101 to Seoul will be departing shortly.
안내 말씀드립니다. 서울행 101편 비행기가 곧 출발하겠습니다.

Boarding pass, please.
탑승권을 보여 주세요.

What's your seat number?
좌석 번호가 어떻게 되세요?

Would you put my luggage in the overhead compartment?
짐을 넣는 선반에 제 짐 가방 좀 놓아 주시겠어요?

Fasten your seat belt.
안전벨트를 매세요.

Would you change the seat with me?
저와 자리 좀 바꿔 주시겠어요?

Can I have a brochure?
(쇼핑) 안내 책자를 주시겠어요?

We will begin our duty-free service.
기내 판매 서비스를 시작하겠습니다.

I'd like to buy some cosmetics.
화장품을 사고 싶은데요.

Sorry, it's all sold out.
죄송합니다만, 모두 매진되었습니다.

How would you like to pay for this?
계산은 어떻게 하시겠어요?

We accept cash or credit card.
현금과 신용 카드 모두 받습니다.

Do you accept US dollars?
미화로 지불할 수 있나요?

How many bottles of liquor can I buy?
술은 몇 병 살 수 있나요?

One bottle of alcohol per person is allowed.
개인당 술 한 병만 가능합니다.

> I got here late and missed my flight. 늦어서 비행기를 놓쳤습니다.

> When is the next flight available? 다음 비행기는 언제 있나요?

> The flight was canceled due to the fog. 안개 때문에 항공편이 취소되었습니다.

> The flight was delayed due to the heavy rain.
심한 폭풍 때문에 비행기 운항이 지연되었습니다.

> Your credit card is expired. 신용 카드의 유효 기간이 만료되었습니다.

Further VOCABULARY

1 수속

check in 수속하다
passport 여권
aisle seat 통로 좌석
business class 비즈니스석
weight 무게
boarding 탑승
carry-on bag 기내에 들고 탈 수 있는 가방
international airline 국제선
departure time 출발 시간
luggage[baggage] 짐
front seat 앞 좌석
window seat 창가 좌석
first class 일등석
weigh 무게를 재다
gate 게이트(출구)
waiting area 대기실
domestic airline 국내선
arrival time 도착 시간

2 보안 검색

security 보안 검색
security checkpoint 보안 검색 구역
metal detector 금속 탐지기
take off 벗다
check 검색하다
pack 짐을 싸다
airport security guard 공항 안전 요원
X-ray machine 엑스레이기
container 용기
personal belongings 개인 소지품
carry 가져가다, 휴대하다

3 출국

passenger 승객
airline 항공사
passport 여권
boarding pass 탑승권
security inspection 보안 검색
customs 세관
terminal 청사
check-in 탑승 수속
boarding 탑승
boarding gate 탑승구
baggage claim 수하물 수취

4 면세점(기내 면세점)

duty-free shop 면세점
brochure 안내 책자
promotion 판촉 상품
cigarette 담배
liquor 술, 주류
sold-out 매진
cash 현금
sign 서명하다
duty-free service 기내 판매 서비스
coupon 쿠폰
cosmetic 화장품
perfume[fragrance] 향수
jewelry 보석류
pay 지불하다
credit 신용 카드

SIGN ENGLISH

공항에서 보안 심사 시 물 등의 액체를 반입할 수 없습니다. 911 테러 이후 더욱 강화된 심사 때문에 작은 화장품이나 치약도 제한된 용량만 기내 반입이 가능합니다. 이제 심사를 마치고 공항에 도착해 짐을 찾고 나면 여행이 모두 끝났다는 안도감이 듭니다. 하지만 아직 마지막 절차가 남아 있는데, 국내에서도 때에 따라 세관을 거쳐야 하는 경우가 있습니다. 대부분의 여행자들에게는 큰 문제가 되지 않겠지만, 해외여행을 자주 하는 경우나 큰 짐 가방을 소지한 경우에는 세관을 통과하게 됩니다.

한국 공항 세관에서는 여행자가 국내 면세점 또는 해외에서 구입한 반입 금지인 물품이나 총액 400달러 이상의 경우에 신고할 것을 규정하고 있습니다. 사실 여행하면서 구입한 선물 등을 포함한 물건들이 400달러가 넘는 경우가 많은데, 자신이 사용할 물건이라면 미리 가격표를 떼어서 해외에서 산 물건이 판매용이 아님을 보여 주어야 합니다. 특히 술은 개인당 1병까지만 허용되므로 주의하세요.

A May I have your ticket and passport?
B Here you go.

A 비행기 표와 여권을 주시겠어요? B 여기 있어요.

A How many pieces of baggage do you have?
B I have three.

A 짐이 몇 개인가요? B 3개입니다.

A Are there any seats available in first-class?
B Sorry, they are all taken.

A 1등석에 자리가 있나요? B 죄송하지만, 좌석이 모두 찼습니다.

A Can I have a seat next to my friend?
B Sorry, all seats are taken.

A 제 친구와 옆자리에 앉을 수 있을까요? B 죄송합니다만, 자리가 모두 찼네요.

A Can I carry this bag with me?
B Sorry, this is too big.

A 이 가방을 기내로 가져갈 수 있나요? B 죄송합니다만 이 가방은 너무 큽니다.

A What time will we begin boarding?
B It will begin 30 minutes prior to the departure time.

A 몇 시에 탑승을 시작하나요? B 출발 시간 30분 전에 시작합니다.

A When will we begin boarding?
B We will begin boarding Flight KAL101 to Seoul in 10 minutes.

A 몇 시에 탑승을 시작하나요? B 서울행 101편 비행기 탑승을 10분 후에 시작하겠습니다.

A Is this the gate for the flight to Seoul?
B Yes, please wait here.

A 여기가 서울행 비행기의 게이트가 맞나요? B 네, 여기에서 기다려 주세요.

A I came here late and missed my flight.

B Don't worry. Let me find you another flight.

A 늦게 와서 비행기를 놓쳤습니다. B 걱정하지 마세요. 다른 비행기를 알아봐 드리겠습니다.

A Would you help me find my seat?

B Sure. Let me help you find your seat.

A 도와주시겠어요? B 네, 자리를 찾도록 도와드릴게요.

A Can I pay by credit card?

B Sure. We accept cash or credit card.

A 신용 카드로 계산할 수 있나요? B 네, 현금과 신용 카드 모두 받습니다.

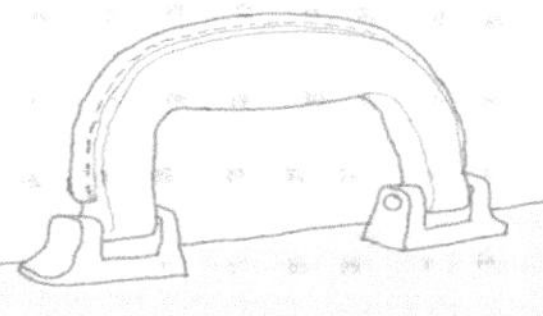

Travel Tips

국내 항공을 이용하는 경우라면 기내 면세점을 활용하세요. 동남아시아 이상의 장거리 여행의 경우 생각보다 다양한 품목의 기내 면세품이 준비되어 있습니다. 품절이 될지 모르는 물건은 한국에서 외국으로 가는 비행기 안에서 미리 예약 주문을 해 둘 수도 있습니다. 특히 술이나 향수처럼 깨지기 쉬운 물품들은 한국으로 돌아오는 비행기 안에서 구입하면 좋습니다. 국내 항공의 경우 기내 면세품에 적용되는 환율이 매달 변동되는데, 일반적인 환율보다 더 좋기 때문에 다소 저렴한 값에 구입 가능합니다. 기내 면세점에서는 달러, 원화, 또는 신용 카드로 지불할 수 있습니다.

공항 면세점이나 기내 면세점의 가격대를 미리 비교한 후 활용하세요.

면세점 2배로 즐기는 Tip

해외여행을 갈 때마다 들리는 곳이 있다면 바로 면세점이 아닐까 싶습니다. 처음 해외여행을 하는 분들은 대부분 공항 면세점을 이용하게 되지만, 시내 면세점과 인터넷 면세점의 다양한 혜택을 이용하여 좀 더 저렴한 값에 구매할 수 있습니다. 출국 한 달 전부터 주문 가능하며, 정확한 출국 항공편명과 출국 시간을 알고 있어야 합니다. 항공표를 직접 제시하지 않더라도 여권과 편명이 정확하다면 물건 구입이 가능합니다. 선박을 이용하는 경우도 동일하게 출발 시간 및 장소, 출발편 등의 정보가 필요합니다.

시내 면세점

시내에 위치한 면세점 이용 시 출국 날짜 및 시간, 출발 지역, 탑승자 정보를 제시하고 물건을 구입할 수 있습니다. 물건을 구입한 뒤 받은 영수증을 공항에 있는 물품을 받는 곳에 제시하면 물품을 인도받을 수 있습니다. 시기에 따라 여행객이 많을 경우에는 물품을 인도받는 데에도 시간이 오래 걸릴 수 있으므로, 좀 더 일찍 공항에 도착해 충분한 시간을 확보하는 게 좋습니다.

인터넷 면세점

인터넷 면세점은 시내 면세점이나 공항 면세점에 비해 전반적으로 좀 더 저렴하게 구입할 수 있습니다. 할인 쿠폰이나 적립금 등의 혜택이 있어 추후에 또 이용할 때도 혜택을 누릴 수 있습니다. 구매한 제품은 온라인 결제 후 시내 면세점과 동일하게 공항에서 인도받으면 됩니다. 예전에는 온라인으로 주문 시 출발 2~3일 전에 주문을 해야 했지만, 요즘에는 상품에 따라 출국하는 날짜에도 일정 시간까지는 주문할 수 있으므로 온라인으로 먼저 확인해 보세요. 인터넷 면세점도 업체마다 다양한 할인폭이 있고, 금액 차가 있으므로 몇 군데의 업체를 비교해 본 후 구매하는 것이 좋습니다.

공항 면세점

공항 면세점은 입국 관리소를 지나서 공항 안으로 들어가면 이용할 수 있는 면세점으로, 다른 곳에 비해 비싼 경로라고 할 수 있습니다. 하지만 인터넷 면세점이나 시내 면세점에서 구입하기 힘든 물품이나 품절된 물건은 공항 면세점을 활용해 보세요.

기내 면세점

항공사마다 기내에서도 면세 용품을 판매하고 있습니다. 다만 취급하는 물품이 소량이거나 다양하지 않아 선택의 폭이 좁을 수도 있습니다. 항공사에 따라 돌아오는 항공편에 구입할 수 있도록 예약 구매를 실시하는 경우도 있으므로 기내의 안내 책자를 확인해 보면 됩니다.

멤버십 카드

면세점 업체마다 고객을 유치하기 위해 멤버십 카드를 발급해 주고 있습니다. 회원이 되면 할인 혜택이나 사은품 등을 제공해 주는데 브랜드에 따라 적게는 5%, 많게는 20%까지도 추가 할인이 가능합니다. 멤버십 카드는 보통 일반 회원과 VIP 회원으로 구분됩니다. 일반적으로 VIP 카드는 동일한 면세점 업체에서 일정 기간에 구매한 금액이 정해진 금액이 되어야 발급받을 수 있습니다. 한 면세점 업체의 VIP 카드를 가지고 있는 경우, 다른 업체에서도 쉽게 발급받을 수도 있으므로 안내 데스크에 문의해 보는 게 좋습니다. 뿐만 아니라 직계 가족 중에 VIP 카드가 있는 경우, 가족임을 증명하기만 하면 동일한 VIP 카드를 발급받을 수 있습니다.

할인 쿠폰과 적립금

인터넷 회원 가입 시 회원 등급에 따라 할인 쿠폰을 발급해 줍니다. 주말이나 명절 기간에는 추가 쿠폰을 발행하는 경우가 많으므로 확인 후 적극 활용하세요. 이외에도 물건을 구입한 뒤 받게 되는 적립금은 후에 다른 물품 구입 시 사용할 수 있습니다.

환율이 좋은 기내 면세점

기내 면세점은 오프라인과 달리 환율이 매달 초에 정해지므로 때에 따라 더 저렴하게 물건을 구매할 수 있습니다. 미리 금액을 확인하여 비교한 후에 구입하는 것이 좋습니다. 담배나 주류, 화장품 등 항공사마다 지정된 면세점과 연계하여 판매하기 때문에 잘 팔리는 상품 위주로 있다는 점도 장점입니다. 또한 병에 들어 있는 주류나 향수 구입 시 돌아오는 항공편에서 구입하는 것이 편리합니다.

여행할 때

이것만은 알아두자!

UNIT 1 자기 소개

My name is Yu-mi, Kim.

= I'm Yu-m, Kim.

제 이름은 김유미예요.

I'm 23.

= I'm 23 years old.

저는 23살이에요.

I'm Korean. I'm from Seoul, Korea.

저는 한국인입니다. 서울에서 왔어요.

I'm the first child. 첫째예요.

I'm the only child. 외동이에요.

I have ________ brother(s) and ________ sister(s).

남자 형제는 ________명이고, 여자 형제는 ________명이에요.

가족 관계

mother 어머니	father 아버지	sister 여자 형제	brother 남자 형제
parents 부모	grandparents 조부모	grandfather 할아버지	grandmother 할머니
daughter 딸	son 아들	grandson 손자	cousin 조카
husband 남편	wife 아내		

I'm not married. / I'm married.

미혼이에요. / 결혼했어요.

What do you do? 직업이 뭐예요?

I'm a(an) ________.

저는 직업이 ________입니다.

In the future, I'd like to be a(an) ________.

앞으로 ________이(가) 되고 싶습니다.

직업 종류

engineer 엔지니어
teacher 교사
writer 작가
flight attendant 승무원
taxi driver 택시 운전사
police officer 경찰
cashier 출납원
architect 건축가
electrician 전기업자
gardener 정원사
lawyer 변호사
pharmacist 약사
repairperson 수리공
scientist 과학자
veterinarian 수의사
lawyer 변호사
actor/actress 배우
surgeon 외과 의사
astronaut 우주 비행사
designer 디자이너
dancer 무용수
chef[cook] 요리사
delivery person 배달원
farmer 농부
hairdresser 미용사
mechanic 기계공
plumber 배관공
reporter 리포터
secretary 비서
librarian 사서
businessperson 사업가
artist 예술가
civil servant 공무원
bus driver 버스 운전사
plumber 배관공
carpenter 목수
janitor 경비원
accountant 회계사
fisherman 어부
construction worker 건설업자
painter 화가
firefighter 소방관
salesperson 영업 사원
security guard 보안 요원
corporate executive 기업체 간부
homemaker(housewife) 전업주부
computer programmer 컴퓨터 프로그래머

I study at the ______________.

저는 ______________에 다닙니다.

학교

preschool 유치원
elementary[primary] school 초등학교
middle school 중학교
high school 고등학교
university(college) 대학교

UNIT 2 인사 및 기분 표현

❶ 인사 표현

Hello.

= Hi. / *Good* morning. / *Good* afternoon. / *Good* evening.

안녕하세요.

How's it going?

= *How are you doing?*

안녕하세요? 오늘 기분이 어떠세요?

It's nice to see you. 만나서 반가워요.

It was nice talking to you. 이야기를 나누게 되어 즐거웠어요.

Good bye. 잘 가요.

See you soon. 또 만나요.

I hope to see you again. 또 만나 뵙길 바라요.

Let's keep in touch. 연락하며 지내요.

❷ 기분 및 건강 상태

I'm happy. 기분이 좋아요.

I'm scared. 무서워요.

I'm hungry. 배가 고파요.

I'm thirsty. 목이 말라요.

I'm tired.

= *I feel tired.*

피곤해요.

I feel ill. 아파요.

I'm not feeling well today. 오늘 몸이 좀 안 좋아요.

UNIT 3 취미 생활

My favorite sport/music/art is ____________.

제가 제일 좋아하는 운동/음악/미술은 ____________입니다.

미술 및 음악

literature 문학	novels 소설	biographies 전기문
short stories 단편 소설	drama 희극	poetry 시
fine art 순수 미술	sculpture 조각	painting 그림 그리기
architecture 건축	ceramics 도자기 공예	dance 무용
ballet 발레	opera 오페라	musical 뮤지컬
performance 공연	blues 블루스	heavy metal 헤비메탈
folk 민속 음악	jazz 재즈	classical music 클래식 음악
pop music 팝 뮤직		

스포츠

jogging 조깅
roller skating 롤러스케이팅
skating 스케이트
fishing 낚시
soccer 축구
skiing 스키
scuba-diving 스쿠버 다이빙
running 달리기
bicycling 자전거 타기
sailing 요트 항해
tennis 테니스
basketball 농구
weight lifting 역도
golf 골프
walking 걷기
volleyball 배구
swimming 수영
baseball 야구
snow boarding 스노보드
billiards 당구

UNIT 4 연락처

I'm living in ________.
저는 ________에 살아요.

My address is ________.
제 주소는 ________입니다.

Tip 한국의 주소는 큰 지명에서 작은 지역순으로 나열하지만, 외국은 반대로 자신의 집 번지부터 큰 지역명의 순으로 말합니다. 또한 외국 주소로 편지나 소포를 발송할 경우 우편 번호를 반드시 알아야 합니다.

My (mobile) phone number is ________.
제 (휴대) 전화번호는 ________입니다.

Tip 예를 들어, 전화번호가 233-4423이라면 보통 "Two double three, double four two three."라고 읽습니다. 같은 숫자가 두 번 반복되는 경우 double ~이라고 말하고, 세 번 겹치는 경우에는 triple ~이라고 말하면 됩니다.

How do you spell it? 철자가 어떻게 되죠?
This is my business card. 제 명함이에요.
Let me write my email address. 제 이메일 주소를 써 드릴게요.
My email address is lee@nexus.com. 제 이메일 주소는 lee@nexus.com이에요.

Tip 골뱅이(@) 표시는 at, 점은 dot이라고 읽습니다. 따라서 이메일 주소를 읽을 때는 "L-e-e at n-e-x-u-s dot com"이라고 말하면 됩니다.

Nice weather, isn't it? 날씨가 좋아요.

What's the weather like? 날씨가 어때요?

What's the weather forecast today? 오늘 일기 예보가 어떤가요?

It's going to be raining. 비가 올 거예요.

It's ____________ today.

오늘 날씨는 ____________ 해요.

날씨

sunny 화창한

hazy 흐린

humid/muggy 습한/끈적거리는

snowing 눈이 내리는

lightning 번개 치는

cool 시원한

cloudy 구름 낀

foggy 안개 낀

raining 비 오는

hailing 우박이 떨어지는

hot 더운

cold 추운

clear 맑은

windy 바람부는

drizzling 부슬비가 내리는

sleeting 진눈깨비 내리는

warm 따뜻한

freezing 매우 추운

What's the weather like in Seoul in January?

1월에 서울 날씨는 어떤가요?

It's very cold and snowy. 아주 춥고 눈이 내려요.

We have four seasons in Korea. 한국에는 사계절이 있어요.

What's your favorite season? 제일 좋아하는 계절이 뭐예요?

My favorite season is ____________.

제가 가장 좋아하는 계절은 ________이에요.

계절

spring 봄

fall[autumn] 가을

summer 여름

winter 겨울

It's ____________ ℃.

날씨가 ____________ 도예요.

UNIT 6 의사 표현

❶ 감사 표현

Thanks.

= Thanks a lot.

= Thank you so much.

= I really appreciate this.

(정말) 감사해요.

I can't thank you enough for this.

뭐라 감사를 드려야 할지 모르겠어요.

I want to thank you for all you have done.

해주신 일에 대해 감사드려요.

Don't mention it.

= Your welcome.

= No problem.

= It's my pleasure.

= It's nothing.

별거 아니에요.

❷ 사과 표현

Excuse me. 실례합니다.

I'm sorry.

= I apologize.

죄송해요.

Please accept my apologies. 사과를 받아 주세요.

I owe you an apology. 사과 드려야 할 일이 있어요.

It was my mistake.

= My mistake.

제 실수예요.

Everybody makes mistakes. 누구나 실수를 하지요.

I screwed up. 제가 망쳤어요.

I'm sorry for causing you trouble. 문제를 일으켜서 죄송해요.

It'll never happen again. 다신 이런 일 없을 거예요.

Don't worry about it. 걱정 마세요.

It's okay.

= It's alright.

괜찮아요.

❸ 도움 요청

Would you help me?

= Would you do me a favor?

= Can I ask you a favor?

도와주시겠어요?

Thanks for your help.

= I appreciate your help.

= Thanks for helping me.

도와주셔서 감사합니다.

I was happy to help. 도와드릴 수 있어서 기뻤어요.

Hello. 여보세요.

How can I help you? 무엇을 도와드릴까요?

This is ______.

저는 ______입니다.

Can I speak to ______?

= I'd like to talk to ______.

______와 통화할 수 있을까요?

______ speaking.

______입니다.

Is ______ in?

______가 (자리에) 있나요?

He's not here.

= He's out.

= I'm afraid he's out at the moment.

그는 지금 없네요.

Do you know when he'll be back? 그가 언제 돌아오는지 아세요?

Would you leave a message?

= *Can I take a message?*

메시지를 남기시겠어요?

Please leave a message for me. 메시지를 남겨 주세요.

Hold on a minute.

= *Hang on, please.*

= *Hold on a second.*

= *Hold the line, please.*

= *Just a moment, please.*

잠시 기다려 주세요.

Thanks for holding. 기다려 주셔서 감사해요.

I'll put you through ________.

________로 연결해 드릴게요.

The line is busy now. 지금 통화 중이에요.

Would you call me back? 전화주시겠어요?

Please tell her Amy called. 에이미가 전화했다고 전해 주세요.

Can you ask him to call me back when he returns?

돌아오는 대로 전화 달라고 해주세요.

I can't hear you. 잘 안 들려요.

Please speak slower. 천천히 말씀해 주세요.

UNIT 8 시간

What time is it? 몇 시예요?

It's ________.

________시예요.

It's quarter to five. 4시 45분이에요.

It's quarter past five. 5시 15분이에요.

It's half past nine. 9시 반이에요.

It's midnight. 밤 12시예요.

What's the date today? 오늘이 며칠인가요?

= *What day is it today?*

= *What's today?*

= *What day of the week is it?*

무슨 요일이죠?

It's ____________.

______ 요일/달이에요.

요일

Sunday 일요일

Monday 월요일

Tuesday 화요일

Wednesday 수요일

Thursday 목요일

Friday 금요일

Saturday 토요일

달

January 1월

February 2월

March 3월

April 4월

May 5월

June 6월

July 7월

August 8월

September 9월

October 10월

November 11월

December 12월

What's the time difference? 시차가 얼마나 되나요?

What time is it in Seoul? 서울은 몇 시인가요?

The bus leaves in five minutes. 버스는 5분 후에 출발해요.

The shop closes at 6. 가게는 6시에 문을 닫아요.

I'll be going back at the end of September. 9월 말에 돌아갈 거예요.

See you on Friday. 금요일에 만나요.